지속가능성장을 위한
ESG 경영전략

지속가능성장을 위한
ESG 경영전략

(사)사회적책임경영품질원 · ESG경영연구회 지음

자유아카데미

머리말

최근 ESG 경영이 기업의 최대 화두로 급부상하고 있다. 기업경영에서 친환경과 사회적책임, 지배구조의 투명성과 윤리성을 강조하는 것이 ESG(환경·사회·지배구조) 경영이다. 이는 기업의 재무적 성과만을 판단하던 전통적 경영방식과 달리, 장기적 관점에서 기업가치와 지속가능성에 영향을 주는 환경(Environment), 사회(Social), 지배구조(Governance) 등의 비재무적 요소도 기업평가의 중요한 잣대라는 점을 의미한다.

세계 주요국가들은 ESG의 규범화와 표준화를 적극적으로 추진하고 있다. 피치, 무디스, S&P 등 국제신용평가사들은 발 빠르게 ESG를 기업의 신용평가에 반영하여 요구기준을 강화하고 있다. 그리고 블랙록(Black Rock) 등 세계적 규모의 자산운용사들도 앞다투어 ESG 경영을 잘하는 기업에 투자의 최우선을 두겠다고 밝히고 있다. 이러한 세계적인 여러 움직임은 앞으로 우리 기업이 관리할 중요한 리스크가 될 것이고, ESG 경영은 이 리스크에 대비하는 기업의 백신이라고 할 수 있다.

최근에 국내 기업들도 ESG 경영의 도입을 서두르며 새로운 경영 전략으로서의 전환기를 맞이하고 있다. 기업의 정기주주총회에서 ESG 관련 안건이 오르고 ESG 위원회 등 관련 조직을 신설하는 등 분주한 모습을 보인다. 이제 ESG 경영은 우리 기업에 있어서 선택이 아니라 필수가 되어가고 있다.

ESG 개념이 대두되고 발전된 것은 유엔(United Nations)이 2006년에 '책임투자 원칙(PRI)'을 발표하면서, 세계 각국의 금융회사에 지속가능한 투자를 위한 가이드라인을 제시하면서부터이다. 이 원칙은 기업이나 연기금 등이 자본을 투자할 때 ESG 요소를 고려하여 투자해야 한다는 원칙이다. 이 원칙에 따라 조성된 펀드가 사회적책임투자(SRI) 펀드로, 선진 자본시장에 큰 손으로 대두되었다. 사회적책임투자는 친환경적인 기술을 개발하거나 보유하고 있는 기업, 사회환원과 사회복지 개선에 적극적으로 참여하는 기업, 지배구조가 투명하고 윤리경영 등이 우수한 기업 등에 투자하는 것을 말하는 것으로, 기업의 환경경영, 사회적책임경영 등이 강조되면서 투자행위의 핵심적 요소가 되고 있다. 따라서 지금은 ESG 경영을 제대로 하지 못하는 기업은 제대로 투자하거나 투자를 받기도 어려우며, ESG 경영은 차츰 기업경영의 기반으로 자리를 잡아가고 있다.

ESG 개념의 뿌리를 살펴보면, 지구촌을 지속가능하게 살기 좋은 지구로 만들자는 유엔이 주도하는 지구촌의 '지속가능발전(sustainable development)' 개념의 대두(1972년)와 OECD가 1977년에 기업의 준수 사항으로 제시한 '다국적 기업에 대한 OECD 가이드라인'이었다. 그 후 1997년에 GRI(Global Reporting Initiative)란 조직이 탄생하면서, 기업의 경제성과, 환경적 건전성, 사회적 윤리성 등의 실천성과를 '지속가능경영보고서(sustainability report)'로 발표하도록 권장한 것이 큰 역할을 하였다. 또한 유엔의 주도로 기업의 사회적책임을 강조한 글로벌 콤팩트(Global Compact)가 출범(2000년)되었고, 국제표준화기구에서 2010년에 사회적책임 국제표준인 ISO26000이 제정된 것이 ESG 경영의 근간을 형성시켰다고 볼 수 있다. 최근(2015년)에 유엔이 각국에 요구하는 '지속가능발전목표(SDGs)'의 달성은 ESG 개념의 확산과도 깊은 관련이 있다.

이 책은 이러한 의미에서 기업의 경영자와 실무자들이 ESG 경영에 대한 기본내용, 전략, 실행방법 등을 이해하는 데 도움을 주고자 제작된 가이드북으로, 모두 4개의 장으로 구성되어 있다.

1장에서는 ESG 개념의 뿌리를 찾아서 지속가능발전과 지속가능경영을 소개하면서 지속가능발전목표(SDGs), GRI, 지속가능경영보고서 등을 다루고 있다. 지속가능발전을 위한 핵심 가치가 무엇이며, 이를 실천하기 위한 전략이 무엇인지 소개한다. 2장에서는 기업의 ESG 경영의 실행전략으로 리더십과 지배구조, 사회적책임경영, 환경경영과 기후변화 대응, ESG 성과창출 방법 등에 대하여 다룬다. 3장에서는 ESG 경영의 평가방법을 소개하면서 ESG 평가지수, 국내외 우수기업의 사례들, ESG 확산을 위한 국내외 노력을 소개한다. 마지막으로 4장에서는 지속가능경영, 사회적책임경영과 ESG 경영의 실제적인 연계전략으로 이들의 장단점을 비교하면서 새로운 실천 전략적 모델인 '지속가능 ESG(S-ESG) 경영 모델'을 제시한다. 저자들은 이 가이드북을 통하여 기업의 지속가능경영, 사회적가치경영, 지속가능발전목표(SDGs)의 달성, 사회적책임 국제표준(ISO26000), ESG 경영 등이 상호 깊은 연관성이 있음을 독자들에게 알리고, 궁극적으로 ESG 경영을 바르게 할 수 있는 전략을 제시하고자 한다.

기업이 지속가능하게 성장하기 위해서 매출을 늘리고 이윤을 극대화하는 경제적 성과 역시 기본적으로 중요하지만, 기업이 장기적으로 지속가능하게 성장하기 위해서는 ESG의 각 요소를 중요한 경영전략으로 삼는 것이 매우 중요하게 되었다. 환경(E)에는 청정기술, 기후변화·탄소배출 대응, 사업장 환경 오염물질 저감, 친환경 제품 개발 등이 포함되고, 사회(S)의 주요 활동에는 고용 평등, 고용 다양화, 인권, 노동, 테러·억압, 사회적 공헌 등 기업의 사회적책임(CSR) 활동 등이 포함된다. 지배구조(G)에는 주주권리, 이사회 구성과 활동, 감사제도, 배당, 임원의 임금 관리, 의사결정의 투명성, 반(反) 부패와 뇌물 등과 같은 요소가 포함된다. 각 기업이 ESG 경영을 경영철학의 핵심으로 무장하고, 지속가능한 성장을 도모하기를 희망한다.

아직 국내에 ESG에 대한 참고서적이 거의 없는 현실임을 고려하여 서둘러 이 책을 출간하게 되었음을 밝히며, 이 책을 통해 ESG 경영에 대해 알고 싶어 하는 기업의 모든 분들이 다소나마 갈증을 해소할 수 있기를 바란다. 저자들은 모든 기업이 ESG 경영을 올바르게 실천함으로써 지속적으로 성장하고 발전하여 우리나라 경제의 대들보 역할을 감당해 주시길 진심으로 기원한다.

차례

1장

지속가능발전과 지속가능경영

01 지속가능발전이란?

지속가능발전의 개념과 전개과정

'지속가능(sustainable)'이란 용어가 처음으로 등장한 것은 반세기 전으로 거슬러 올라간다. 1972년에 개최된 인간 환경에 관한 유엔 회의에서 '지구의 날'을 선포하면서 지구의 '지속가능'한 개발에 대한 논의가 시작되었다. 그 후 1987년 UNEP(United Nations Environment Programme: 유엔환경계획)과 WCED(World Committee on Environment & Development: 환경과 개발에 관한 세계위원회)가 브룬트란트[1] 보고서를 채택하였다. 이 보고서는 처음으로 지속가능발전에 대하여 언급하면서 "지속가능발전은 미래세대의 필요를 충족하기 위한 잠재력을 훼손하지 않으면서 현재의 필요를 충족시키는 발전이다."라고 정의하

1 WCED(세계환경개발위원회) 의장이면서 노르웨이 수상인 할렘 브룬트란트(Gro Harlem Brundtland)의 이름에서 명명한 것이다. '우리들 공동의 미래'라고도 불린다.

고 있다.

이는 현세대의 필요를 충족하되 미래세대의 가능성을 파괴하지 않고, 인간사회가 주변 환경과 조화를 이루며 자유롭게 발전의 기회를 얻는 것을 의미한다. 이러한 개념은 인류가 자연과 공존하면서도 인구증가와 경제성장 속에 파생되는 전 지구적인 문제를 해결하여 풍요로운 삶을 누리고자 하는 의지에서 비롯되었다. 이 위원회의 지속가능발전에 관한 정의는 경제와 환경의 공존 개념으로 그 후 각국의 큰 지지를 받아 확산하기 시작하였다.

'지속가능발전'이란 개념은 1987년에 제안되었으나 이 용어가 공식적으로 채택된 것은 1992년, 179개국이 리우데자네이루에서 모여 열린 유엔환경개발회의(UNCED; UN Conference on Environment and Development, 일명 Earth Summit)의 '의제 21(Agenda 21)'에서 처음 문건의 용어로 사용된 것이다. 이 의제 21을 '리우환경선언'이라고도 부른다. 이 선언은 우리가 사는 지구의 환경오염 및 에너지 고갈사태로 우리 모두가 공멸할 수도 있다는 위기의식 속에서 우리 모두 스스로 환경오염을 줄이고 에너지도 아껴 쓰며 대체에너지를 개발하는 등의 노력을 하자는 취지이다. 한마디로 후손들이 잘살 수 있는, 즉 지속가능한 발전을 할 수 있는 지구로 만들자는 내용으로 구성되어 있다.

지구상에 지속가능발전에 관한 이슈가 중요하게 대두되는 이유는 다양하다. 〈그림 1.1〉에서 보는 바와 같이 기후변화, 환경파괴, 자연재해 등이 발생하고 천연자원이 고갈되어 가면서 인류의 미래를 위협하고 있으며, 국가 간 경쟁이 심화되고 보호무역주의가 대두되면

그림 1.1 지속가능발전 이슈가 중요시되는 이유

서 지구촌의 글로벌화에도 문제가 발생하고 있다. 또한 국가 간 법·정치 시스템의 충돌, 집단규범·문화의 충돌, 기술의 급격한 발전으로 인한 양극화 현상 등이 지구촌의 지속가능발전을 위협하고 있다.

지속가능발전의 영역

지속가능발전의 개념은 환경적 지속가능성 중심의 논의에서 환경보전, 사회통합, 경제발전의 측면으로, 다시 사회경제 시스템의 전반

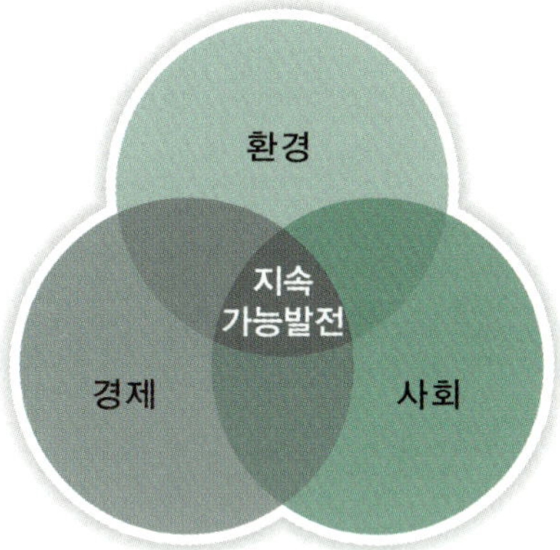

그림 1.2 지속가능발전의 세 가지 영역

적 향상을 추구하는 균형개념으로 변화하여 왔다. 경제학자인 르네 파세(Rene Passet, 1979)[2]는 그의 저서에서 〈그림 1.2〉와 같이 개념적 구조화의 관점에서 지속가능발전을 환경, 사회, 경제라는 세 가지 범주의 구조적 틀로 설명하였다. 이러한 환경적 지속성, 사회적 지속성 그리고 경제적 지속성은 서로 독립되지 않고 연관되어 있다.

이 세 가지 범주[3]는 최근 환경, 사회, 경제 또는 생태, 경제, 형평성으로 변형되거나 일부 학자들에 의해 문화 및 제도와 같은 영역이 추가되는 양상을 보이기도 한다. 다시 말해, 환경, 사회, 경제의 세 분야가 서로 긴밀하게 영향을 주고받으면서 '환경의 보전', '사회의

2 프랑스 경제학자, 1979년 발간한 저서 "Economic Systems and Living System"(영문명)을 통해 개념적 구조화의 관점에서 지속가능발전을 환경, 사회, 경제의 세 가지 틀로서 제시하였다.

3 지속가능발전, 나무위키(http://namu.wiki/w/지속가능발전) 참조.

안정과 통합', '경제의 발전'이 인류의 발전전략으로서 균형을 이루는 포괄적 의미로 점차 확장되고 있으며, 지속가능발전목표와 교육의 형식과 내용을 결정하는 데도 중요한 역할을 하고 있음을 의미한다. 그뿐만 아니라 지속가능발전에서는 현 상태의 유지보다는 변화의 방향을 설정하고 실행하는 과정이 중요하기 때문에, 다양한 이해관계자의 참여를 보장하고 실행해나가는 것이 필요하다. 이제 영역별 내용을 살펴보기로 한다.

환경영역

산업혁명 이후 가속화된 대량생산-대량폐기로 인하여 현재 인류는 지속가능한 수준을 초과하여 지구 자원을 소비하고 있다. 더구나 세계 인구는 2050년까지 20억 명이 증가할 것으로 예상되며 저개발 국가를 중심으로 한 삶의 질 제고 욕구도 가중되고 있다. 이에 따라 부존자원의 고갈과 생태계의 파괴는 더 이상 감내하기 어려운 수준에 도달할 것으로 예상된다. 그리하여 이와 같은 문제에 대한 해결책으로 제시된 것이 지속가능발전이다.

환경영역의 지속가능발전은 환경을 파괴하지 않는 범위 내에서의 도시 및 산업개발 등이 가능하다는 의미에서 생태 지속가능성이라고도 한다. 환경영역은 물, 에너지, 기후변화와 대기, 토지, 해양 연안, 생물 다양성, 사막화 방지, 생태계와 삼림 보존 등의 영역을 포함한다. 다시 말해, 과거의 경제발전은 환경(또는 생태계)의 훼손을 필연적으로 수반해왔으나, 환경을 훼손하는 경제발전을 과연 얼마나 더 지속할 수 있는가 하는 질문에서부터 지속가능성이라는 개념이 탄생하게 되었다.

사회영역

사회영역은 지속가능성이 우리 사회에 어떻게 자리 잡았는지 보여주는 하나의 지표가 될 수 있다는 점에서 중요하다. 국제적으로도 다양한 지속가능발전의 구조 및 전략이 이행되고 있으며, 최근 세계 경제 침체 영향과 G-7 등의 요구로 인해 사회경제적 안정성, 사회적 포용성 등 지속가능발전의 사회적 영역에 대한 관심이 증가하고 있다. 따라서 지속가능성의 주제로서 주로 환경과 경제 중심의 담론이 지배적이었다면, 사회영역으로의 확장은 그동안 소홀히 다루었던 정치, 정책, 삶의 방식, 인권, 빈곤, 고용, 기술개발, 인구문제 등 다양한 사회적 이슈들을 포함한다.

대표적으로 유엔개발계획(UNDP)의 인간개발지수, 유엔교육과학문화기구(UNESCO)의 지속가능발전교육(ESD), 유엔의 지속가능발전목표(SDGs) 등이 사회영역의 노력이라고 할 수 있다.

경제영역

지속가능발전은 '발전'이라는 측면에서 경제영역과 밀접한 관련이 있다. 인간의 경제활동은 소비, 생산, 분배로 이루어지는데, 이 과정에서 자원이 소모되는 특징을 가지고 있다. 따라서 경제가 성장 혹은 발전해야 한다는 점에서 볼 때, 지속가능성을 갖기 위해서는 자원의 고갈과 환경의 파괴를 항상 염두에 두어야 한다.

지속가능발전은 현세대의 필요를 충족시키는 개념이기 때문에 현세대의 빈곤과도 연관이 되는 특징이 있다. 지속가능발전의 초기에는 성장과 발전이라는 용어의 사용에 관한 논의도 있었다. 지속가능한 생산과 소비, 일자리와 경제성장, 농업, 빈곤퇴치, 기업의 책무, 시장경제, 교통, 소비, 에너지, 도시, 불평등 등의 영역이 지속가능발전과 밀접한 관련이 있다. 또한 최근 각 기업에서 지속가능경영보고서가 발간되고 있는 추세이며 사회적 경제 또는 공유경제, 도시재생에 관한 논의가 활발히 진행되고 있다.

문화영역

환경, 사회, 경제의 세 분야를 연결하고 지속가능한 발전과의 연결을 위한 토대와 기초를 제공하는 것이 바로 '문화'이다. 근본적으로 인류의 가치관을 변화, 증진하는 것과 많은 관련이 있으며 인권존중, 미래의 세대에 대한 존중, 생태적 다양성 존중, 문화적 존중 등이 그 핵심이다.

문화 다양성의 중요성은 2001년 유네스코의 '세계문화다양성 선언(The Universal Declaration on Cultural Diversity)'을 통해서도 이미 제기된 바 있다. 이는 기존의 지속가능발전 논의에서 충분히 다루지 못한 문화적 다양성, 교육, 평등, 평화와 같은 다양한 사회문화적 요소들을 지속가능발전의 중요 범주에 포함시키면서 인식의 전환에 크게 기여한 결과이다.

또한 문화영역은 인권, 평화, 안전, 양성평등, 문화적 다양성, 문화 상호 간 이해 등을 포함하는 우리 사회 각 분야의 다양한 영역에 걸쳐 있다. 이런 이유로 문화를 사회영역 안에 포함하는 관점에서 사회·문화적 영역으로 다루기도 하며, 일각에서는 문화라는 큰 테두리 안에서 환경, 경제, 사회를 다루어야 한다는 주장도 있다. 그뿐만 아니라 문화적 영역은 지속가능발전교육(Education for Sustainable Development, ESD)과도 긴밀한 연계성을 가지고 있다.

02 유엔의 지속가능발전목표

SDGs의 개념과 구조

'지속가능발전목표(Sustainable Development Goals, SDGs)'란 사람, 지구환경, 공동의 번영을 위한 행동 계획으로서 사람, 지구, 번영, 평화, 그리고 파트너십에 관한 범지구적 행동을 촉구하는 목표이다. 이는 2000년부터 2015년까지 빈곤 문제의 해결을 위해 다양한 차원에서의 국제적 활동을 활발하게 일으켰던 새천년개발목표(MDGs)의 연장선에서 이해할 수 있다.

유엔총회의 70번째 회의가 진행된 2015년 9월, 유엔 회원국들은 유엔개발정상회의(UN Sustainable Development Summit)를 개최하여 지속가능발전목표의 국제적 공식명칭인 '우리 세계의 변혁: 2030 지속가능발전의제(Transforming our world: The 2030 Agenda for Sustainable Development)'를 채택하였다.

MDGs가 개도국을 중심으로 적용되었지만, SDGs는 모든 유엔 회원국들에 공통적으로 적용되며 MDGs에 비하여 훨씬 포괄적이고 야심 찬 목표라고 볼 수 있다. 특히 '단 한 사람도 소외되지 않는 것(Leave no one behind)'이라는 슬로건과 함께 사람, 지구, 번영, 평화, 파트너십이라는 5개 영역에서 인류가 나아가야 할 방향성을 17개 목표(Goals)와 169개 세부 목표(Targets)로 제시하고 있다. 각 목표는 인간으로서 기본적인 삶을 유지할 수 있는 식량 문제, 깨끗한 식수 확보 등 기본적인 인프라 구축의 내용을 포함하며, 세계 곳곳에서 자행되는 인권문제를 해소하고 사회적 불균형의 타파를 지향한다. 지속가능발전목표 채택 이후 국제사회는 제시된 목표를 지역, 국가 및 지방정부 차원에서 각각의 고유 여건에 부합하는 이행전략을 통해 실천하고자 노력하고 있다.

지속가능발전의 17개 목표는 '사회발전', '경제성장', '환경보전' 등 세 가지 축을 기반으로 하고 있다. 17개 목표 중 목표 1부터 목표 6은 사회발전 영역의 목표로, 이 목표의 달성을 통해 빈곤퇴치 및 불평등을 해소하고 인간의 존엄성을 회복하고자 하는 것이다.

목표 8부터 목표 11은 경제성장을 달성하기 위한 목표이다. 무분별한 개발을 통한 경제규모의 성장을 의미하는 것이 아니라 모든 사람이 양질의 일자리를 통해 적절한 수준의 생계를 유지할 수 있도록 포용적인 경제 환경을 구축하고 지속가능한 성장 동력을 만드는 것을 목표로 하고 있다.

마지막으로 목표 7, 12, 13, 14, 15는 환경보전을 위한 목표이다. 현재 지구는 극심한 기후변화와 그로 인한 자연재해로 몸살을 앓고 있다. 또한 선진국에서의 대량생산과 대량소비는 환경을 오염시키며 지구의 자원을 고갈시키고 있다. 그래서 환경을 보호하고 지속가능한 지구를 만들기 위한 목표가 여기에 포함되어 있는 것이다.

그렇다면 목표 16과 17은 어디에 해당하는가? 1번부터 15번까지의 목표가 지속가능한 발전을 위해 달성해야 하는 목표라면 16번과 17번은 이 목표들을 달성하기 위한 조건 및 방법을 담은 목표라고 할 수 있다. 16번은 정의롭고 평화로우며 효과적인 제도를 구축하는 것이며, 17번 목표는 이 모든 목표를 달성하기 위하여 전 지구적인 협력이 필요하다는 내용이다. 이 17개 목표에 대한 현황판을 만들어 보면 〈그림 1.3〉과 같다.

각 세부 항목별 목표이행수준은 유엔에서 제공하는 유엔지속가능목표 연간보고서를 통해서 확인할 수 있다. 지속가능발전목표는 국제규범으로서 SDGs가 다루어야 할 이슈영역이 2000년에 비해 다각

그림 1.3 SDGs 현황판

도로 풍부하고 포괄적으로 조명되었다는 점에서 긍정적인 해석을 내릴 수 있다. 하지만 양적으로 이슈영역이 팽창한 것에 비해 세부 목표를 구체적으로 어떻게 이행할 것인가에 대한 논의가 더욱 필요하다는 의견도 있다.

SDGs는 '5P' 개념으로 각 목표를 구조화할 수도 있다. 5P는 사람(People), 번영(Prosperity), 지구환경(Planet), 평화(Peace), 파트너십(Partnership)의 첫 번째 글자인 다섯 개의 P를 의미한다. 이 5P는 새로운 개발 의제의 기본정신이자 키워드라고 할 수 있다.

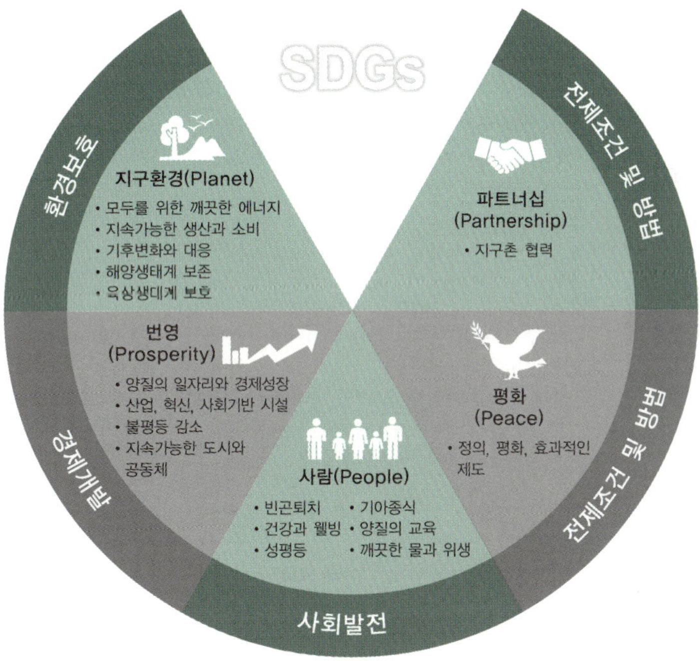

그림 1.4 SDGs의 다섯가지(5P) 구성요소

SDGs의 17개 목표

지금까지 SDGs의 개념과 구조에 대해 살펴보았다. 이제는 SDGs의 17개 목표에 대해 알아보기로 한다.

지속가능발전의 17개의 목표는 각각의 세부 목표를 가지고 있다. 세부 목표는 총 169개이고, 세부 목표에 대한 달성 여부를 판단하는 지표는 232개로 구성되어 있다.

지속가능발전목표 SDGs
(Sustainable Development Goals)

목표 1

모든 곳에서 모든 형태의 빈곤을 종식한다.

SDGs의 첫 번째 목표는 모든 곳에서 모든 빈곤을 끝내는 것이다. 이 목표에는 절대빈곤의 퇴치와 모든 사람을 위한 사회보장제도를 확립하는 내용이 포함된다.

목표 2

기아를 종식하고, 식량 안보를 달성하며, 개선된 영양 상태를 달성하고, 지속가능한 농업을 강화한다.

두 번째 목표는 기아를 종식하는 것이다. 이를 달성하기 위해서는 빈곤층과 영유아 등 취약계층에게 충분한 영양을 공급하며, 지속가능한 식량생산 시스템을 통하여 식량안보를 달성해야 한다.

목표 3

모두를 위한 전 연령층의 건강한 삶을 보장하고 웰빙(well-being)을 증진한다.

세 번째 목표는 건강에 관련된 목표이다. 예방이 가능한 질병으로 사망하는 어린이의 수를 줄이는 것을 포함하여, 필수적인 보건서비스를 모두에게 공급하는 것, 그리고 보편적인 의료보장시스템을 만드는 내용이 포함되어 있다.

목표 4

모두를 위한 포용적이고 공평한 양질의 교육 보장 및 평생교육 기회를 증진한다.

네 번째 목표는 양질의 교육에 관련된 목표이다. 남녀 및 장애인, 주민 등 모든 사람이 보편적인 교육을 받고 대학, 기술 훈련, 직업 훈련 등 자신에게 필요한 교육을 받을 수 있도록 하는 것이 목표이다.

목표 5

성평등 달성 및 모든 여성과 여아들이 자신의 능력을 발휘할 수 있도록 한다.

다섯 번째 목표는 인류의 절반인 여성에 관한 목표이다. 이는 여성에 대한 차별을 철폐하고, 정치, 경제, 공공 등 모든 부문에서 여성의 동등한 참여를 보장하는 것이다. 또한 조혼, 강제 결혼, 인신매매 등 여성에 대한 폭력과 나쁜 관행을 근절하는 것도 포함한다.

목표 6

모두가 물과 위생설비를 사용할 수 있도록 하고 지속가능한 유지관리를 보장한다.

여섯 번째 목표는 깨끗한 물과 위생에 관련된 목표이다. 모든 사람이 안전한 식수와 위생시설을 보장받는 것을 포함하여, 수질오염 감소, 수자원 관리 등의 세부 목표가 포함되어 있다.

목표 7

모두를 위한 적당한 가격이며 신뢰할 수 있고 지속가능한 현대적인 에너지에의 접근을 보장한다.

일곱 번째 목표는 모두를 위한 지속가능한 에너지를 공급하는 것이다. 이 지속가능성을 위해, 적당한 가격의, 신뢰할 수 있으며, 현대적인 에너지를 보편적으로 보급해야 한다.

목표 8

모두를 위한 지속적, 포용적, 지속가능한 경제성장을 촉진하며 생산적인 완전 고용과 모두를 위한 양질의 일자리를 증진한다.

여덟 번째 목표는 일자리와 경제성장이다. 모든 사람에게 양질의 일자리를 제공하기 위해서는 소규모 창업 지원, 노동자 권리 보호, 지속가능한 관광 등의 세부적인 목표를 달성해야 한다.

목표 9

복원력이 높은 사회기반시설을 구축하고, 포용적이고 지속가능한 산업화를 증진시키며 혁신을 장려한다.

아홉 번째 목표는 사회기반시설과 산업화에 관련된 내용이다. 이는 안전한 사회기반시설 구축, 환경친화적 공정을 적용한 산업의 확대, 과학기술연구 강화 및 투자 등을 통해 달성할 수 있다.

목표 10

국가 내, 국가 간 불평등을 감소시킨다.

열 번째 목표는 국가 내, 국가 간 불평등을 줄인다는 목표이다. 이를 위해서는 모든 사람에 대한 차별을 철폐하고 기회를 평등하게 제공하며, 결과의 불평등을 완화해야 한다. 또한 국제사회에서도 개발도상국의 영향력이 확대될 수 있도록 배려해야 한다.

목표 11

도시와 주거지를 포용적이며 안전하고 복원력 있고 지속가능하게 보장한다.

열한 번째 목표는 지속가능한 도시와 공동체를 구축하는 것이다. 이 목표에는 충분하고 적당한 가격의 주택공급, 취약계층에게 편리한 대중교통의 확산, 세계문화와 자연유산에 대한 보존 등의 세부 목표가 포함되어 있다.

목표 12.

지속가능한 소비 및 생산 양식을 보장한다.

열두 번째 목표는 지속가능한 소비와 생산을 달성한다는 목표이다. 여기에는 선진국이 우선적으로 지속가능 생산과 소비가 가능하도록 음식쓰레기를 절반으로 줄이고 폐기물 발생을 대폭 줄여야 한다는 내용이 포함된다.

목표 13.

기후변화와 그로 인한 영향에 맞서기 위한 긴급 대응을 시행한다.

열세 번째 목표는 기후변화에 대응하자는 목표이다. 이를 위해서는 기후변화로 인한 자연재해, 특히 개발도상국에서 자연재해의 피해를 입은 후 복원할 수 있는 능력을 강화하여야 한다.

목표 14.

지속가능한 발전을 위한 대양, 바다, 해양자원을 보존하고 지속가능하게 사용한다.

열네 번째 목표는 해양생태계 보존이다. 해양오염을 막고, 지나치게 많은 양의 어류 수확을 근절하며, 지속가능한 어업 및 양식업 등이 가능하도록 하는 목표이다.

목표 15.

지속가능한 육상생태계 이용을 보호·복원·증진하고, 삼림을 지속가능하게 관리하며, 사막화를 방지하고, 토지 황폐화를 중지하고, 생물다양성 손실을 중단한다.

열다섯 번째 목표는 육상생태계 보호를 위한 목표이다. 이 목표에는 산림, 습지, 산악지역 등 모든 육상생태계를 보호하고 생물다양성을 보존하며, 사막화를 방지해야 하는 내용이 포함된다.

목표 16.

지속가능발전을 위해 평화롭고 포용적인 사회를 증진하고, 모두가 정의에 접근할 수 있도록 하고, 모든 수준에서 효과적이고 책임성 있고 포용적인 제도를 구축한다.

열여섯 번째 목표는 정의, 평화, 효과적인 제도를 구축한다는 목표이다. 부정부패가 없으며, 폭력과 차별이 사라진 사회, 그리고 깨끗하고 투명한 정부를 구축하기 위한 내용이 담겨 있다.

목표 17

이행 수단을 강화하고 지속가능발전을 위한 글로벌 파트너십을 활성화한다.

마지막 열일곱 번째 목표는 지구촌 협력을 위한 것이다. SDGs의 달성을 위한 재원마련, 선진국과 개발도상국의 기술협력, 평등한 무역, 시민사회를 포함한 다양한 파트너십과 데이터를 통한 모니터링의 중요성을 강조하고 있다.

SDGs와 경영시스템

경영시스템의 지속가능한 발전

1995년 1월 WTO(World Trade Organization) 출범으로 세계 각국 간의 무역장벽이 허물어지고, 디지털시대가 본격화되면서 세계 경제는 하나의 글로벌 시장으로 통합되고 주도권 장악을 위한 무한경쟁시대로 진입하게 되었다. 각국 간 상이한 표준들은 전 세계적으로 통용할 수 있는 국제표준에 통합되는 추세를 보이고 있다.

1947년 국제표준화기구 ISO(International Organization for Standardization)가 설립된 이후 지금까지 22,000여개의 국제표준이 제정되었으며, 1987년부터는 품질경영(ISO 9001), 환경경영(ISO 14001), 안전보건경영(ISO 45001) 등 분야별로 경영시스템 표준이 지속적으로 제정되고 있다. 특히 ISO 경영시스템은 유엔, OECD 및 WTO에서 인정을 받음에 따라 이 표준의 중요성이 증대되고 있지만, ISO 제·개정 과정에서 선진국의 영향력 때문에 개발도상국의 무역이 불이익을 받을 수도 있다. 이렇듯 이들 분야별 국제표준은 새로운 무역장벽으로 부상할 가능성이 높아져 기업에서는 보다 적극적이고 전략적인 차원에서 국제표준을 도입하여 활용할 필요가 있다.

경영시스템표준(Management System Standards: 이하 MSS)은 경영, 리더십, 전략, 프로세스 및 관행에 전문성을 가진 국제전문가들의 합의의 결과물이다. MSS는 크고 작은 모든 조직이 활용할 수 있고, 필요한 것을 조직에 알려주지만 요구사항을 충족시키는 방법은 각

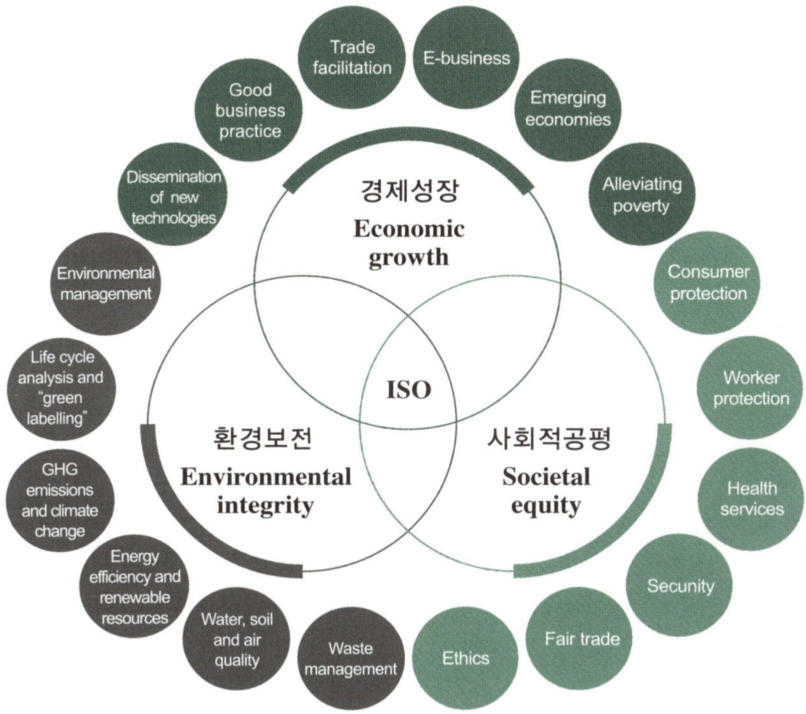

그림 1.5 지속가능발전의 3가지 축

조직이 자체적으로 정하여 운영하도록 하고 있다.

경영시스템에 대한 국제표준이 추구하는 것은 지속가능한 발전(Sustainable Development)이고 지속가능발전의 3개의 축은 〈그림 1.5〉에서 보는 바와 같이 경제성장(Economic growth), 환경보전(Environmental integrity) 및 사회적공평(Societal equity)이다.

| SDGs 실천을 위한 ISO 표준

유엔의 SDGs를 실천하기 위해 필요한 관련 표준을 정리한 내용은 〈그림 1.6〉과 같으며, ISO에서는 지속적으로 SDGs에 관련된 표준의 제정을 확대하고 있다. SDGs의 각 목표에 직접 적용할 수 있는 ISO 표준은 ISO 홈페이지(http://www.iso.org/sdgs.html의 impact at a glance)를 통해 확인할 수 있다.

아래 내용은 2017년 11월 28일에 개최된 유엔유럽경제위원회(United Nations Economic Commission for Europe, UNECE)에서 논의된 'ISO standards for policy makers, UNECE Conference Standards for SDGs'에서 발표한 내용이다.

그림 1.6 SDGs 관련 ISO 표준

목표 2

기아를 종식하고, 식량 안보를 달성하며, 개선된 영양 상태를 달성하고, 지속가능한 농업을 강화한다.

ISO 22000 Food safety management

ISO 4002 Equipment for sowing and planting

ISO 4197 Equipment for working the soil

ISO 6880 Machinery for agriculture

ISO 20635 Infant formula and adult nutritionals

ISO 1871 Food and feed products

목표 3

모두를 위한 전 연령층의 건강한 삶을 보장하고 웰빙(well-being)을 증진한다.

ISO 11137 Sterilization of health care products

ISO 8828 Implants for surgery

ISO 18615 Traditional Chinese medicine

ISO/IEEE 11073 Health informatics-Point-of-care medical device communication

TS 13131 Telehealth services

IWA 18 Framework for integrated community-based life-long health and care services for aged societies

목표 4

모두를 위한 포용적이고 공평한 양질의 교육을 보장하고 평생교육 기회를 증진한다.

ISO 21001 Educational organizations-Management systems for educational organizations-Requirements with guidance for use

목표 6

모두가 물과 위생설비를 사용할 수 있도록 하고 지속가능한 유지관리를 보장한다.

ISO 14046 Water footprint

ISO 15839 Water quality

ISO 20325 Service activities relating to drinking water supply and wastewater systems

ISO 24516-1 Drinking water distribution networks

ISO 24518 Crisis management of water utilities

ISO 24526 Water efficiency management systems

IWA 24 Non-sewered sanitation systems-General safety and performance requirements for design and testing

목표 7

모두를 위한 적당한 가격이며 신뢰할 수 있고 지속가능한 현대적인 에너지에의 접근을 보장한다.

ISO 50001 Energy management systems
ISO 9553 Solar energy
TR 10217 Solar energy – Water heating systems
ISO 13065 Sustainability criteria for bioenergy
ISO 17743 Energy savings
ISO 20619 Calculation methods for energy savings

목표 9

복원력이 높은 사회기반시설을 구축하고, 포용적이고 지속가능한 산업화를 증진하며 혁신을 장려한다.

TR 37150 Smart community infrastructures – Review of existing activities relevant to metrics
ISO 37154 Smart community infrastructures – Best practice guidelines for transportation
ISO 21542 Building construction – Accessibility and usability of the built environment
ISO 50501 Innovation management system

목표 10

국가 내, 국가 간 불평등을 감소시킨다.

ISO 26000 Guidance on social responsibility
ISO 37001 Anti-bribery management systems
ISO 20400 Sustainable procurement
ISO 45001 Occupational health and safety management systems
IWA 9 Framework for managing sustainable development in business districts

목표 11

도시와 주거지를 포용적이며 안전하고 복원력 있고 지속가능하게 보장한다.

ISO 37101 Sustainable development of communities – Management systems
ISO 37104 Guide to establishing strategies for smart cities and communities
ISO 37120 Sustainable development of communities – Indicators for city services and quality of life
ISO 10711 Intelligent Transport Systems

목표 13

기후변화와 그로 인한 영향에 맞서기 위한 긴급 대응을 시행한다.

ISO 14001 Environmental management systems
ISO 14044 Life cycle assessment
ISO 14064 Greenhouse gases
TS 14067 Carbon footprint of products
ISO 14080 Framework and principles for methodologies on climate actions
ISO Guide 82 Guidelines for addressing sustainability in standards

목표 14

지속가능한 발전을 위한 대양, 바다, 해양자원을 보존하고 지속가능하게 사용한다.

ISO 29400 Ships and marine technology – Offshore wind energy
ISO 21070 Marine environment protection
ISO 35101 Petroleum and natural gas industries – Arctic operations
ISO 12878 Environmental monitoring of the impacts from marine finfish farms
ISO 19900 General requirements for offshore structures

목표 15

지속가능한 육상생태계 이용을 보호 · 복원 · 증진하고, 삼림을 지속가능하게 관리하며, 사막화를 방지하고, 토지 황폐화를 중지하고, 생물다양성 손실을 중단한다.

ISO 14055 Combating land degradation and desertification
ISO 38200 Chain of custody of wood and wood–based products
ISO 23611 Soil quality – Sampling of soil invertebrates
ISO 15952 Effects of pollutants on juvenile land snails
ISO 22030 Soil quality – Biological methods
ISO 11850 Machinery for forestry — General safety requirements

03 지속가능경영과 ESG 경영

지속가능경영의 발전과정

지속가능경영에 대한 정의 및 필요성

지속가능경영(sustainable management)은 경제, 환경 및 사회가 상호 유기적으로 작용하는 지속가능성(sustainability)의 개념과 경영(management)의 개념을 합성한 용어이다. 현 사회에서 생존하고 있는 사람들뿐만 아니라 미래 세대에 태어날 사람들의 니즈(needs)까지 고려한다면, 한정된 지구 생태계의 자원들을 효율적으로 이용하거나 가능한 경우, 대체하는 방법을 모색하면서 지속적으로 경제성장을 해야 한다는 것이다. 범지구적 측면에서 지속가능경영은 국가 간의 경계를 초월하여 정부, 기업 및 지역공동체와 같은 형태의 조직들은 물론이고, 개인의 생활에서도 적용될 수 있어 양질의 인간 삶을 성공적으로 유지하기 위해 꼭 필요한 것이다. 예를 들어, 어떤 조직의 비즈니스가 지속가능하지 않을 경우, 지속가능성의 관점에서 그러한 비즈니스 관행은 경쟁에서 사라질 것이다. 따라서 논리적으로 어떤 비즈니스 관행이 비즈니스 상태로 계속 머물러 있기를 바란다면, 그 비즈니스의 관행은 지속가능하여야 한다.

지속가능경영의 발전

18세기 중엽 영국의 기술혁신으로 시작된 유럽 발 제1차 산업혁명에서부터 현재에 이르기까지 지속가능경영 발전 관점에서 시대적 흐름을 정리해본다.

① 제1차 산업혁명 시대(1760~1830)

유럽과 북미지역을 중심으로 확산하였던 1차 산업혁명은 제품의 생산방식을 가내 수공업에서 증기기관, 수력과 같은 동력을 이용하는 기계화된 공장생산시스템으로 전환하였고, 그 결과 평균소득(average income)과 인구의 증가에 크게 기여하는 계기로 작용하였다. 1차 산업혁명을 선도했던 영국의 경우, 시골에서 생활해오던 인구의 상당 부분이 점차 도시로 이주해가는 생활양식의 변화와 더불어 급속한 사회적 및 경제적 변화를 가져왔다.[4] 일반 노동자들이 기계화된 공장에서 일할 기회는 늘었지만 기계의 속도에 맞춘 엄격한 장시간 노동 조건하에 있었다.

1차 산업혁명 동안 환경적 관점에서는 주로 석탄을 연료로 사

4 Society, National Geographic, "Industrial Revolution and Technology", 2020, 1, 9.

용하거나 증기기관, 난로 등을 이용함으로써 발생하는 매연오염(smoke pollution)의 수준을 줄이고자 대응을 하게 되었고, 환경운동(environmental movement)의 기원으로 볼 수 있다.

② 제2차 산업혁명 시대(1870~1914)

1870년대에 전기의 사용이 급속도로 확산되면서[5] 영국, 독일 및 미국을 중심으로 시작된 제조와 생산부문의 기술혁명은 전신, 철도망, 가스, 물 공급 및 하수처리 같은 시스템들까지 혁신기술을 기반으로 한 시스템들의 급진적 표준화와 산업화로 이어졌다.

2차 산업혁명 후반에 미국의 기계기술자 프레드릭 테일러(Frederick Taylor, 1856~1915)가 등장하여 작업효율을 개선하기 위한 과학적 경영의 개념을 발전시켰다. 2차 산업혁명의 사회적 및 경제적 영향으로 신흥공업국가들의 경우, 작업효율 개선에 따른 생산성 향상으로 시장에서의 상품가격은 낮아지고, 생활수준은 상당히 높아졌다. 다른 한편으로는 수많은 노동자는 기계로 대체되었고, 고정자본을 투자했던 수많은 공장, 선박 등이 투자한 금액을 회수하기도 전에 단기간에 쓸모없게 되어 실업자의 증가뿐만 아니라 상공업 부문에 대변혁을 가져왔다.[6] 또한 이러한 사회-환경적 변화는 신기술의 등장

5 Mokyr. J. & Storotz, R. H., "The Second Industrial Revolution, 1870-1914", Northwestern University, IL, 1998.

6 Wells, David A, "Recent Economic Changes and Their Effect on Production and Distribution of Wealth and Well-being of Society". New York: D. Appleton and Co, 1890.

으로 노동자계급(working class)의 부상, 크게 늘어나는 전문직, 중산층, 아농노동의 감소 및 소비자 중심 물질문화의 창조로 이어졌다.

환경보호의 경우, 대부분 대기오염(air pollution)의 완화에 관심이 모아졌고, 1898년 영국에서는 석탄매연경감협회(Coal Smoke Abatement Society)라는 환경민간단체가 구성되어 석탄매연을 줄이려는 활동들이 전개되었다.

③ 산업화에 따른 환경적 관심(1960~1980)

제2차 세계대전 이후 시장경제의 활성화로 미국에서는 점차 시민들이 환경과 관련한 부주의 비용, 질병 및 환경재앙에 따른 대기오염과 수질오염의 확산을 심각하게 인식하기 시작하였다. 예를 들어, 미국의 해양생물학자이자 작가인 레이첼 카슨(Rachel Carson, 1907~1964)이 1962년에 출간한 "침묵의 봄(silent spring)"은 디디티(DDT) 살충제의 과다 사용으로 새들이 신음하는 사실과 합성 살충제의 독성을 널리 소개함으로써 환경운동을 확산하는 계기가 되었다.

1970년 4월 22일, 미국의 정치가이자 환경주의자인 게이로드 넬슨(Gaylord Nelson)은 환경에 대한 교육과 인식을 제고하기 위해 지구의 날(Earth Day)을 제정하였다. 실제 그 당시 환경에 관하여 외부로부터의 우려나 관심은 높았지만, 산업계에서는 외부의 압력에 버틸 수 있었고, 산업계 스스로 정의 및 규정을 마련할 수 있었다. 1971년 국제비정부환경조직 그린피스(Greenpeace)가 창설되어, 정치적인 지원과 입법행위들이 비효과적이었거나 비효율적인 해결방안들이었다는 것으로 인해 비폭력적인 환경보호 활동을 지지하였다. 1972년에 서유럽 과학자들과 정치지도자들로 구성된 연합체, 로마클럽(Club of Rome)이 "성장의 한계(The Limits to Growth)"라는 제목의 보고서를 발간함으로써 인간의 활동으로 인한 천연자원의 고갈 압박과 환경오염에 대해 상당한 관심을 이끌어 냈다.

한국에서는 1961년 산업화를 위해 광공업제품 관련 공업표준화법이 제정되었고, 일본의 공해법(1967년 제정)보다 4년이나 앞서 1963년에 국민 보건 향상을 위한 공해방지법이 제정되었다. 그러나 실제 사회적으로 환경피해가 심각하거나 표면화되지 않아 거의 시행되지 못하고 있다가 1977년 12월에 환경보전법으로 대체되었다.

④ 고도 산업사회의 환경과 사회 관련 이슈와 대응(1980~2000)

1980년대 사회주의 체제를 유지하면서 소비중심의 시장경제를 받아들인 중국의 개혁개방, 1990년대 초 소련(Union of Soviet Socialist Republics, USSR)의 해체, 동유럽의 사회주의 결속력 약화 등으로 인해 미국을 중심으로 시장은 급속하게 글로벌화 되고, 설비의 자동화, 석유화학과 원자력의 기술혁신, 제품과 서비스의 표준화 등으로 천연자원의 대량채취, 제품의 대량생산과 소비 및 폐기로 이어졌다. 그 결과로서 자원의 고갈, 생태계의 파괴 같은 환경적 이슈가 심각하게 대두되었다.

1984년 12월, 인도 보팔(Bhopal)시에 위치한 유니언 카바이드 인디아 유한회사(Union Carbide India Limited)의 살충제 공장에서 발생한

가스누출 사고로 500,000명 이상의 사람들이 맹독가스, 메틸이소시아네이트(methyl isocyanate)에 노출되었고, 이 사고는 세계 최악의 산업참사에 속한다.[7] 참사 직후 인도 현지 개인 활동가들이 페스티사이드액션네트워크(Pesticide Action Network) UK, 그린피스(Greenpeace) 같은 국제비정부단체들의 협조로 사후조치 현황을 공유하면서 환경활동을 이어갔다.

1991년 3월에는 한국 구미시 구포동 소재 두산전자의 유독성 화학물질 페놀(phenol) 원액 약 30톤이 옥계 하천으로 누출되어 대구시민의 식수로 사용되는 수돗물뿐만 아니라 낙동강 하류까지 오염시킨 환경사고가 발생하자, 시민단체들이 협의회를 구성하고 두산 제품 불매운동을 전개하였다.

그리고 1992년 6월, 브라질 리우데자이네루 유엔환경개발회의(United Nations Conference on Environment and Development)에서는 지속가능성(sustainability) 관련 이슈를 다루었고, 회의 결과로서 지속가능발전에 관한 유엔의 권고적 행동계획(non-binding action plan) 의제 21이 채택되었다.

1996년 3월, 14세 미만의 파키스탄 아이들이 학교에 가지 않고, 시간당 6센트(six cents an hour)짜리 생계비를 벌기 위해 나이키 축구공(Nike soccer balls)에 6각형의 가죽 조각을 대고 꿰매는 기사가 "라이프" 잡지(Life Magazine)에 실리면서, 제3세계의 아동노동 착취문제

7 Mandavilli, Apoorva, "The World's Worst Industrial Disaster Is Still Unfolding". *The Atlantic*, 2018, 7, 9.

가 전 세계에 알려졌다.

또한 1997년 12월, 일본 교토에서 개최된 기후변화 협약 제3차 당사국 총회에서는 지구온난화(global warming)가 발생하고 있고, 인간의 활동으로 만들어진 이산화탄소배출이 지구온난화를 가속화하는지에 대한 과학적 컨센서스(consensus)에 근거한 온실가스 배출량을 줄이도록 당사국 간에 약속하는 교토의정서(Kyoto Protocol)가 채택되었다.

1997년 12월에는 국제 상거래에서 기업 또는 개인이 외국 공무원에게 뇌물을 제공하면 범죄행위로 간주하고, 뇌물을 제공하는 쪽에 초점이 맞추어진 하나의 법적 구속력을 갖춘 국제적 합의로서 OECD 뇌물방지협약(anti-bribery convention)이 서명되어 1999년 2월부터 시행에 들어갔다.

⑤ 정보화 시대에 변화하는 환경 및 사회적 이슈(2000~현재)

시장경제 시스템의 글로벌화 및 정보통신기술의 급속한 발전으로 정부 간, 기업 간, 그리고 조직 내에서뿐만 아니라 조직 밖으로의 다양한 네트워크를 통해 수집된 정보와 지식이 대부분 경제적인 성과에 초점이 맞추어져 있으며, 노동형태 또한 급변하고 있다. 이러한 변화로 인하여 경제적인 수익은 증가하였지만, 의도하지 않은 새로운 형태의 지구 환경변화, 질병, 사회적 불평등, 비윤리적 행위 같은 지속가능성을 저해하는 리스크들이 발생하고 있다.

2000년 7월, 미국 뉴욕 유엔본부에서 유엔글로벌콤팩트(UN Global Compact, UNGC)를 공식적으로 출범시켰다. 이것은 인권, 노동, 환경 및 반부패(anti-corruption) 분야에 관련된 10가지 원칙으로 구성되어 있으며, 전 세계 기업들에게 지속가능하고 사회적으로 책임 있는 방침을 채택하고 그 방침의 실행에 관해 보고하도록 장려하는 하나의 권고 성격의 유엔협정(non-binding United Nations pact)이다.

2000년 9월에는 유엔본부에서 개최된 세계지도자들 간의 새천년 정상회의(Millennium Summit)에서는 유엔새천년선언(UN Millennium Declaration)의 비준이 있었으며, 개발도상국들 중심의 절대빈곤과 기아퇴치, 보편적 초등교육 달성, 양성평등과 여성 지위 향상, 아동 사망률 감소, 모성 보건 증진, 후천성 면역결핍증/말라리아/기타 각종 질병 퇴치, 환경적 지속가능성 보장 및 발전을 위한 글로벌파트너십 개발 등 2015년까지 달성하게 될 8가지 새천년발전목표(eight Millennium Development Goals)와 21개의 세부 목표도 도출되었다.

2001년 12월에는 미국 텍사스 휴스턴에 본사를 둔 에너지기업 엔론 회사(Enron Corp.)가 파산보호 신청을 하였다. 엔론의 복잡한 재무제표(financial statements)는 주주와 회계분석가들을 혼란스럽게 하였고, 복잡한 비즈니스 모형과 비윤리적 관행은 수익을 거짓으로 나타냈으며, 건실한 성과를 보이도록 대차대조표(balance sheet)를 조작하는 회계의 한계성을 이용하였다.

그리고 2002년 7월에는 엔론, 월드컴(WorldCom) 같은 기업들의 회계 부정 사건에 대한 대응으로서 기업회계와 재무보고의 투명성을 높이기 위해 미국 상원 의회에서는 '상장기업회계개혁 및 투자자보호법(Public Company Accounting Reform and Investor Protection

Act)'으로, 그리고 하원에서는 '법인과 회계감사 설명책임, 책임 및 투명성법(Corporate and Auditing Accountability, Responsibility, and Transparency Act)'으로 알려진 사베인즈-옥슬리법(Sarbanes-Oxley Act)이 제정되었다. 이것은 모든 미국 상장기업들의 이사회, 경영자 및 회계법인에 대해 확대된 요구사항을 규정하는 미국 연방법이다.

또한 2015년 3월에는 한국 국회에서는 공직자 등의 공정한 직무수행을 보장하고 공공기관에 대한 국민의 신뢰를 확보하기 위한 "부정청탁 및 금품 등 수수의 금지에 관한 법률(약칭: 청탁금지법)"이 제정되었다. 이 법률은 부정청탁의 금지, 금품 등의 수수 금지, 외부강의 등의 사례금 수수 제한 및 신고자 등의 보호·보상에 관한 내용을 포함한다.

그리고 2015년 9월에는 유엔총회에서 '변모하는 우리의 세계: 지속가능발전을 위한 2030 의제(Transforming our world: the 2030 Agenda for Sustainable Development)'가 채택되었다.

경영품질 패러다임의 변화

경영품질에 대한 필요성

경영품질(management quality)은 하나의 조직적 접근 개념으로서 조직 전반에 걸쳐 관리기능들의 높은 품질목표를 충족하거나 달성하기 위한 조직적 역량이라 할 수 있다. 아시아 지역에서 비교적 산업화에 먼저 진입한 일본에서 통계적 품질관리(statistical quality control)

와 전사적 품질관리(company-wide quality control)에 기여한 성과를 평가하여 일본 산업계에 수여하는 데밍상(Deming Prizes) 제도가 제정되는 등, 1970년대 후반부터 1980년대 초에 이르기까지 일본식 품질관리가 미국을 앞지르는 것 같은 상황을 인지한 미국의 산업계와 정부 지도자들은 글로벌 시장에서 경쟁력 있는 품질로의 변화와 혁신이 필요하였다.

1987년 8월, 미국의 국가 생산성 자문 위원회(National Productivity Advisory Committee)에서 말콤 볼드리지 국가품질상(Malcom Baldrige National Quality Award, MBNQA)제도를 개발하였다. MBNQA는 미국 내 비즈니스, 보건 의료, 교육 및 비영리 부문 조직들의 우수한 성과를 인정하기 위한 것이며, "말콤 볼드리지 국가품질상의 평가기준은 경영의 질을 평가 및 향상시키는 방법으로 널리 공인받은 것이다."[8]

변화하는 경영품질 패러다임

1987년 국제표준화기구(ISO)가 경쟁적 글로벌 시장에 걸맞은 품질경영에 초점을 맞춘 ISO 9000 품질경영표준 패밀리(family)를 제정 및 공개함으로써, 제품과 서비스에 대한 전통적 품질경영뿐만 아니라 경영의 질에도 상당한 변화를 가져왔다. 그 이후 경영품질의 영향력 범위가 환경경영, 사회적책임경영, 사회적가치경영, 지속가능경영 등으로 점점 넓어지고 있다.

8 서울 Q&I 포럼, "경영품질의 세계기준 말콤 볼드리지", 한언, 2005.

환경경영

환경(environment)은 사전적 의미로 생존하는 개체 즉, 사람 혹은 동물 또는 식물의 성장에 영향을 미치는 외부조건으로 볼 수 있다. 환경에 대한 범위는 시대에 따라 변하면서 넓어지고 있다. 예를 들어, 원시시대의 환경은 가시적 관점에서의 생물군집으로 지구의 땅, 공기 및 물 정도였을 것이다. 하지만 시간이 흘러가면서 경제적, 사회적, 문화적 및 정치적 기능을 통해 환경개념이 점점 확대되고 있다.

환경경영(environmental management)이란 자연환경에 대한 인간활동의 상호작용과 그 활동에 따른 영향을 관리하는 것이다. 즉, 인간의 니즈 충족과 환경보호 간에 일어날 수 있는 충돌에서 이해관계를 갖는 요인들을 식별하여 관리할 필요가 있다. 1992년, 리우데자이네루 지구정상회의(Earth Summit) 이후 환경적 이슈들이 중요해지자 1996년, 국제표준화기구(ISO)는 환경경영 관련 모범사례(best practices) 정보를 조직화하여 적용할 수 있는 ISO 14000 환경경영표준 패밀리(family)를 발간하였다. ISO 14000 환경경영표준 패밀리는 조직 내 효과적인 환경경영체제를 확립하기 위해 필요한 환경경영방침의 수립, 제품 또는 서비스에 대한 환경영향의 결정, 환경목표에 대한 계획수립, 목표달성을 위한 프로그램의 수행, 시정조치의 이행 및 경영검토에 관한 요구사항들을 포함한다.

사회적책임경영

우리 사회를 구성하는 개개인의 사회적책임(social responsibility)은 무엇일까? 아마도 그것은 개개인들이 각자 공동체의 한 시민으로서 의무(duty)를 다해야 할 책임 있는 윤리(ethics)일 것이고, 또한 개개인의 행동은 공동체 또는 우리 사회 전체에 유익하여야 할 것이다. 개인이든 조직이든 경제적 성장, 사회복지 및 환경이 상호 간에 균형이 유지될 때 사회적책임이 제대로 수행될 수 있다. "한국기업들이 사회로부터 협력과 지원을 받으며 성장 · 발전하기 위해서는 능동적으로 사회적책임을 지는 기업 활동을 수행할 필요가 있다."[9]

사회적책임경영(social responsibility management)은 경제적 성장, 사회복지 및 환경이 상호균형을 유지하는 사회적책임의 개념과 경영의 개념을 합친 것으로 볼 수 있다. "조직이 경제 · 사회 · 환경 문제를 사람 · 지역 공동체 및 사회에 혜택을 줄 수 있는 목적으로 다루기 위한 전략적 접근방법"이다.[10]

ISO는 유엔글로벌콤팩트(UNGC)의 10가지 원칙을 고려하여, 2005년 3월 초, 브라질 살바드로 제1차 ISO 사회적책임 표준화 작업반 총회에서 시회책임 지침에 대한 전체적인 프레임워크 초안을 설계하였다. 이후 약 5년 8개월 동안의 진통을 거쳐 2010년 11월 사회적책임에 관련된 유일한 국제표준, "ISO 26000:2010 사회적책임에 대한 지침(guidance on social responsibility)" 초판을 개발 및 발행하였다. ISO 26000:2010은 지속가능발전에 기여하고자 하는 모든 조직에 적용될

9 신유근, "사회중시경영—기업과 사회", 도서출판 경문사, p181, 2011.

10 김재룡 · 최병록 · 정재익 · 염순홍, "신뢰하는 사회, 존경받는 조직의 사회적 책임경영", 한국품질재단, p27, 2016.

수 있다. 또한 법규준수는 모든 조직의 기본적인 의무이면서 사회적 책임의 필수적인 부분이라는 것을 인식하여 적어도 조직이 법규준수를 초월하도록 격려하는 데 의미가 있다.

ISO 26000:2010을 적용하는 데 있어, 국제행동규범에 일관될 필요가 있으나 조직은 사회적, 환경적, 법적, 문화적, 정치적 및 조직의 다양성뿐만 아니라 경제적 상황도 고려할 필요가 있다.[11] 2021년 3월 현재, 160여 개의 ISO 회원국 중 우리나라를 포함하여 88개 국가가 ISO 26000:2010을 국가표준으로 채택하여 적용하고 있다. 예를 들어, 한국의 경우 사회적책임경영을 위하여 한국어로 번역된 "KS A ISO 26000:2012 사회적책임에 대한 지침"을 발표하였다.

조직의 사회적책임 관련 원칙에는 설명책임, 투명성, 윤리적 행동, 이해관계자 이해관계 존중, 법치 존중, 국제행동규범 존중 및 인권 존중이 있다. 조직의 사회적책임에서 다루어야 할 핵심 주제는 조직 거버넌스(governance), 인권, 노동관행, 환경, 공정운영관행, 소비자 이슈, 그리고 지역사회 참여 및 발전을 포함한다. 특히 조직은 조직의 거버넌스에서 비즈니스 관련 의사결정과 실행 시 7가지 원칙을 준수할 뿐만 아니라 발생할 수 있는 영향에 대한 책임도 있다.

사회적가치경영

어느 정도 규모를 갖춘 조직들은 점차 장기적 관점에서의 지속가

11 ISO, ISO 26000:2010 Guidance on social responsibility, http://www.org/standard, 2021.

능성 또는 트리플 바텀 라인(triple bottom line, TBL) 즉, 재무적, 환경적 및 사회적 측면으로 확대된 비즈니스 성과를 측정, 평가 및 의사소통하려고 한다. 사회적 측면에서의 "사회적 가치는 일자리 창출, 균등한 기회와 사회통합, 안전 및 환경, 상생협력 및 지역발전, 윤리경영 등 공공의 이익과 공동체 발전을 우선시하는 가치를 말한다. 또한 기업에서 사회적 가치를 추구하는 경영을 사회적가치경영(social value management)이라고 말한다."[12] 사회적 가치란 사람들이 자신들의 생활에서 경험하는 변화(결과)에 대해 상대적 중요도(relative importance)를 양으로 정하는 것이다.[13]

2012년 3월에 제정된 영국의회의 공공서비스(사회적 가치)법 제3장에 의하면, 영국 내 모든 공공기관은 공공서비스 계약과 연관하여 경제적, 사회적 및 환경적 복리(well-being)를 고려하여야 한다.[14] 이러한 영국의 공공서비스(사회적 가치)법을 참고하여 우리나라에서도 2014년, 19대 국회 때부터 21대 국회에 이르기까지 지속적으로 '공공기관의 사회적 가치 실현에 관한 기본법(안)'이 발의 및 논의되어 왔다. 이 법(안)은 공공부문에서 선제적으로 실현되도록 하면서 점차 민간과 한국 사회 전반에 걸쳐 확산하도록 설계되어 있다.

12 사회적가치경영연구회, "사회적가치경영과 지속가능발전 전략: 사회적 가치를 추구하라", 한국표준협회미디어, 2019.

13 https://www.socialvalueuk.org

14 https://www.legislation.gov.uk/ukpga/2012/3/enacted

지속가능경영

지속가능경영이란 기업이 환경, 경제, 사회 분야 전 분야에서 지속적인 발전을 위해 노력하는 동시에 경영에 따르는 리스크를 최소화하여 주주 및 기업가치를 제고시키는 경영활동이며, 개념도로 나타내면 〈그림 1.7〉과 같다.[15]

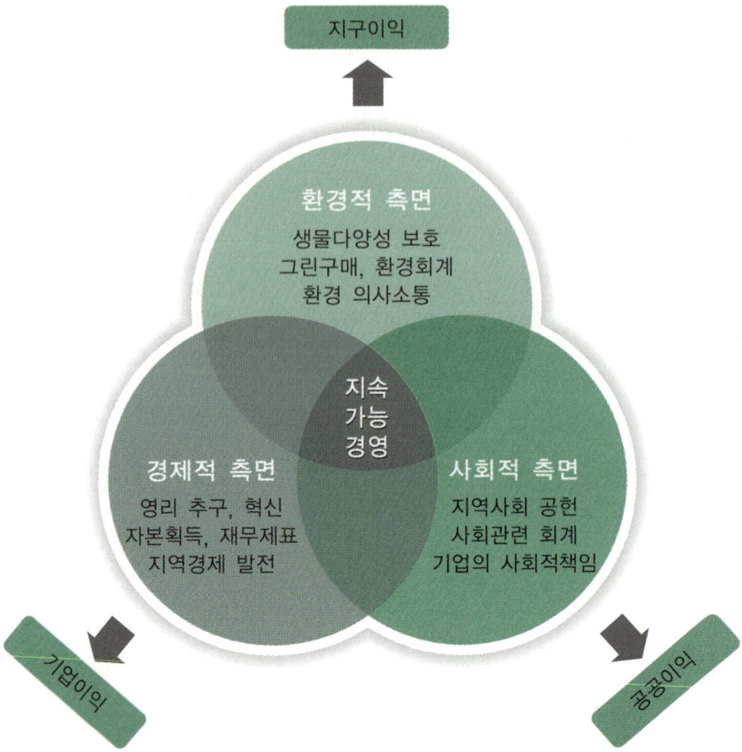

그림 1.7 지속가능경영 개념도
출처: 지속가능경영의 국제적 동향과 향후 과제, KFI, 2005.

15 전국경제인연합회, "지속가능경영의 국제적 동향과 향후 과제", KFI미디어, 2005.

지금까지 설명된 환경경영, 사회적책임경영, 사회적가치경영에 대한 정의들이 보는 관점이나 그 시대의 상황에 따라 일부 추가되거나 제외될 수도 있지만, 이들은 상호 밀접하게 관련되어 있어 지속가능경영으로 귀결된다.

ESG 경영의 등장

기업의 전통적 경영방식은 대부분 재무적 성과에 초점이 맞춰져 있었다. 기업 규모가 커지고 외부환경변화에 따라 이해관계자들로부터 요구되는 기대수준과 기업의 지속가능성이 중요시되면서 ESG가 전략적 화두로 부상하였다. 이제 ESG는 기업경영에 있어서 핵심전략요소로 자리를 잡아가고 있으며, ESG 기조가 기업 생존 동력의 하나의 축이라고 해도 과언이 아니다. 지속가능발전법에 따르면 "현대 세대의 필요를 충족시키기 위하여 미래 세대가 사용할 경제·사회·환경 등의 자원을 낭비하거나 여건을 저하하지 아니하고 서로 조화와 균형을 이루는 것"을 의미하며 ESG로 표현되기도 한다. 이러한 시점에서 ESG의 가치(Value)와 중요성(Significance)에 대한 인식이 높아지고 있다.

ESG 출발점은 우선 '지속가능개발' 개념과 연관을 지어 생각해 볼 수 있다. 흔히 기업이 이익 극대화를 추구한다는 것을 Bottom Line을 추구한다고 말한다. Bottom Line이란 회계 처리상 손익계산서의 마지막 줄(Bottom Line)을 의미한다. 즉, 세후 순이익을 말하는 것으로 이를 바탕으로 기업의 경제적 성과를 파악할 수 있게 된다. 여기서 확장된 용어가 Triple Bottom Line(TBL)이다. 1990년대 중반부터 회자되기 시작한 TBL은 기업의 경제적 성과(Single Bottom Line)뿐만 아니라 사회적, 환경적 성과를 통칭한다. TBL의 지속가능발전 개념은 환경, 경제, 사회라는 세 가지 범주의 구조적 틀로 설명된다. 여기서 환경적 지속성, 경제적 지속성, 그리고 사회적 지속성은 서로 독립되지 않고 연관되어 있다는 개념이기도 하다. 경제가 안정적으로 지속되기 위해서 사회와 환경을 해치면 안 된다고 하는 주장은 이후 ESG의 이론적 기반이 되었다고 볼 수 있다.

이어 1996년 ISO(International Organization for Standardization:국제표준화기구)에서 ISO 14001 환경인증을 제시하였다. ISO 14001 환경경영시스템은 기존의 관리방식을 탈피하고 전 직원의 참여를 통하여 사전에 환경 문제를 관리하는 시스템적 접근방법이다. 조직은 ISO 14001 환경인증을 통하여 경제적 이윤창출과 환경성과개선이라는 두 가지 효과를 거둘 수 있게 된다.

1997년에는 일본 교토에서 2000년 이후 선진국의 온실가스감축을 목표로 하는 교토의정서가 채택되었다. 이는 온실가스 배출량 감축에 따른 막대한 경제적 비용을 감안하더라도 국제적 여론에 따라 합의에 이르게 된 것이다. 2002년 지속가능발전 세계정상회의에서는 1990년 이후 전 세계가 실천해온 환경과 지속가능한 발전의 성과를 평가하고 이후의 이행과제를 구체화하는 계기로서 요하네스버그

그림 1.8 환경경영시스템의 일반적 절차

선언이 채택되었다. 한편, 1997년에는 GRI(Global Reporting Initiative) Standards 초안이 작성되었고, 2000년에 정식 버전이 수립되었다. 그리고 2016년부터는 적용이 의무화되는 GRI Standard 가이드라인이 마련되었는데, GRI 구성 자체가 경제, 환경, 사회 지표로 구성되어 있어 존 엘킹턴(John Elkington)의 TBL 개념을 따르고 있다. 현재 GRI Standards는 ESG 보고의 가장 기본적인 가이드라인이며, 세계경제포럼의 이해관계자 자본주의 공통지표 또한 상당 부분 GRI의 지표를 차용하고 있다.[16]

2006년에 코피 아난(Kofi Annan) 유엔사무총장이 투자가들이 투자원칙[17]을 실행하는 것을 보조하며, 회원들 간 협력 증진을 위해 UN-

16 유승권, "ESG, 세계경제포럼 가이드라인 리뷰", Balanced CSR, 2020.10.8.

17 PRI는 유엔환경계획 및 금융이니셔티브(UNEP/FI)와 선진금융기관, 전문가 그룹이 4차례의 대규모 미팅을 통해 제정된 세계 최초의 사회책임투자원칙이라고 볼 수 있다.

PRI(Principal for Responsible Investment, 유엔책임투자원칙) 사무국을 출범시켰다. 최근 들어서 ESG 이슈가 크게 등장하면서 기업의 지속가능성을 체계적으로 고려하는 것이 '수탁자 책무(Fiduciary Duty)'에 책임을 다하는(Responsible) 투자(Investment)라고 의미로 인식되고 있다. 참고로 '유엔의 사회책임투자원칙'에서 가장 첫 번째 원칙은 "ESG 이슈들을 투자의사 결정 시 적극적으로 반영한다."로 규정하고 있다.

ISO(International Organization for Standardization, 국제표준화기구)는 2010년 이해관계자의 참여와 합의가 중요함을 인식하고 운영할 것을 촉구하였다. 7개 핵심 주제(지배구조, 인권, 노동, 환경, 소비자, 공정운영 관행, 지역사회참여와 발전)에 대해 정부, 산업, 노동, 소비자, NGO, 기타 등 사회를 구성하는 모든 조직이 준수해야 할 사항을 포괄적으로 규정하여 ISO 26000을 제정하였다. ISO 26000의 목적은 조직이 지속가능발전에 기여하도록 돕고, 사회적책임의 필수요소임을 인식시키며, 법을 준수하는 것 이상의 활동을 권장하는 것이다. ISO26000과 지속가능경영, ESG는 상호 연결되어 있다.

2015년 유엔은 MDGs(Millenium Development Goals, 새천년개발목표) 이행목표 기한이 만료됨에 따라 2030년까지 달성목표로 지속가능발전의 이념을 실현하기 위한 지속가능발전목표인 SDGs(Sustainable Development Goals)를 제정하였다. 2020년 1월 다보스 경제포럼의 주제가 '결속력 있고 지속가능한 세계를 위한 이해관계자들(Stakeholders for a Cohesive and Sustainable World)'이었다. 자본주의의 변화와 지속가능한 지구를 위해 다보스 포럼은 '이해관계자 자

표 1.1 사회적책임과 관련한 주요 국제지침

국제지침	주요내용
유엔세계인권선언	모든 인간이 누려야 할 최소한의 인권 규정 · 인종차별, 여성차별, 고문반대, 아동매매, 매춘
ILO협약	노동의 4대 원칙 제시 및 회원국에 준수 요구 · 결사자유 보장, 강제노동 금지, 아동노동 금지, 차별대우 금지
기후변화 협약(리우협약)	이산화탄소 등 온실가스 방출을 제한하여 지구 온난화 방지
유엔소비자보호가이드라인	보건 및 안전 위협에서 소비자 보호, 소비자의 경제적 이해관계 증진, 소비자의 올바른 선택을 도와줄 것을 권고
유엔글로벌 컴팩	기업이 인권, 노동, 환경, 부패방지의 4개 분야에서 10개 원칙의 준수를 권고
OECD기업지배구조에 관한 원칙	기업 내의 투명한 경영책임 기준마련 권고

출처: KATS(기술표준원) 기술보고서, ISO 26000 제정 및 동향, 2011.

본주의(Stakeholder Capitalism)'를 키워드로 제시하였다고 볼 수 있다. 세계경제포럼은 "기업이 재무사항뿐 아니라 환경·책임·투명경영(ESG) 관련 보고를 하겠다고 선언한 것은 지속가능한 글로벌 경제구축을 위해 중요한 발걸음"이라고도 평가하였다.

이러한 흐름을 짚어볼 때, GRI 보고서, SDGs, CSR 등이 글로벌 지속가능성 문제를 다루기 때문에 각기 추구하는 목표(지표)를 성실하게 수행함으로써, ESG 목표를 수립할 수 있는 강력한 기반을 구축할 수 있다는 것으로 요약할 수 있다.

04 GRI와 지속가능경영보고서

GRI 출범 배경 및 역할

GRI의 출범 배경

1989년 3월 24일, 미국 알래스카에서 발생한 엑손발데즈 기름유출(Exxon Valdez oil spill) 사고로 환경 훼손에 대한 일반 대중의 격렬한 외침이 있었다. 이후 기업들이 책임질 수 있는 환경행동 원칙을 준수하도록 하는 설명책임 기구를 창설할 목적으로 1997년, 국제연합체계 내에서 환경이슈들에 대한 대응책을 조율하는 유엔환경계획(United Nations Environment Programme, UNEP)의 지원을 받아 미국 보스턴에 기반을 둔 비영리단체, 세레스(Coalition for environmentally responsible economies, Ceres)와 텔루스 연구소(Tellus Institute)에서 GRI(Global Reporting Initiative)란 조직을 구성하였다. GRI 업무를 수행하는 사무국은 2002년에 네덜란드 암스테르담으로 옮겨졌고, 브라질, 중국, 인도, 미국, 남아프리카, 콜롬비아 및 싱가포르에 각

각 지역네트워크 허브(regional network hubs)를 두고 있다.

GRI의 역할

GRI는 독립적으로 지속가능경영보고 관련 지침이나 표준을 다루는 하나의 국제조직이면서 유엔환경계획의 협력센터로 되어 있다. 그래서 유엔글로벌콤팩트(UNGC)의 활동에도 긴밀하게 협조하고 있다. 또한 GRI는 환경, 인권 및 부패와 같은 이슈들의 영향에 대해 기업, 투자자, 정책입안자, 시민사회, 노동기구 및 기타 전문가들로 구성된 다중이해관계자 프로세스(multi-stakeholder process)에 의해 GRI 지침 또는 표준을 개발하여 필요로 하는 조직들에 도움을 주고 있다. 특히 지속가능성 보고를 위한 글로벌프레임워크(global framework)는 글로벌네트워크를 통해 전 세계 기업들에 명확하고 비교가능한 방법으로 정보를 식별, 수집 및 보고할 수 있는 지침을 제공한다.

GRI 보고서

지속가능성 보고를 위한 GRI 지침과 표준을 참고하여 정리해보면 다음과 같다.[18]

18 https://www.globalreporting.org

GRI 지침의 글로벌표준화

2000년에 지속가능경영보고를 위한 글로벌프레임워크로서 GRI 지침 초판(GRI Guidelines, G1)을 발행하였고, 그 이후 2002년 G2, 2006년 G3, 2011년 G3.1 및 2013년 G4로 이어지는 개정판을 각각 발행하였다. 지난 15년 동안 글로벌 네트워크를 통해 기업들로부터 GRI 지침에 대한 관심과 수요가 점차 증가하자, 2016년 지침(guidelines)을 제공하는 것에서 벗어나 지속가능경영보고를 위한 글로벌표준(global standards)으로 전환하였고, 그 이후 기존 표준들에 대한 갱신뿐만 아니라 세금(tax)에 대한 투명성, 인권실사(human rights due diligence) 같은 새로운 주제들로 영역을 넓혀가고 있다.

GRI 표준

이 표준은 기업들이 경제, 환경 및 사회에 미치는 영향에 관하여 보고하는 데 사용할 수 있도록 설계된 것으로서 보고원칙(reporting principles)에 기초하여, 중요한 주제(material topics)에 초점을 맞춘 지속가능경영보고서를 준비하는 데 도움을 준다. 또한 이 표준은 4가지(100, 200, 300 및 400) 시리즈로 나누어져 있다. 〈그림 1.9〉와 같이 GRI 공통 표준(universal standards) 100 시리즈는 GRI 101, GRI 102 및 GRI 103로 구성되어 있다.

① GRI 101

GRI 101: 기본(foundation)의 경우, GRI 표준에 부합하는 지속가

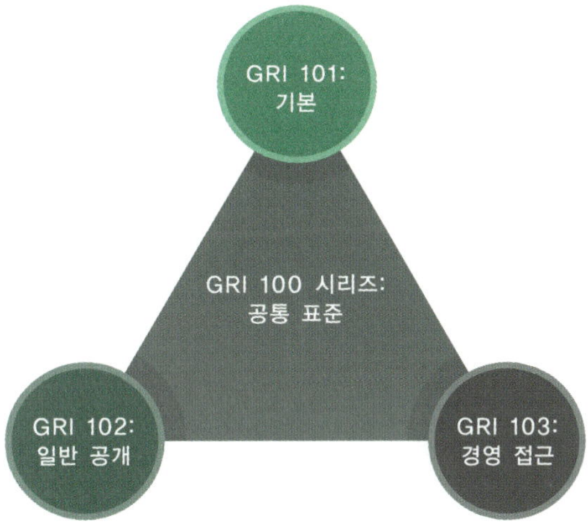

그림 1.9 공통 표준 GRI 100 시리즈

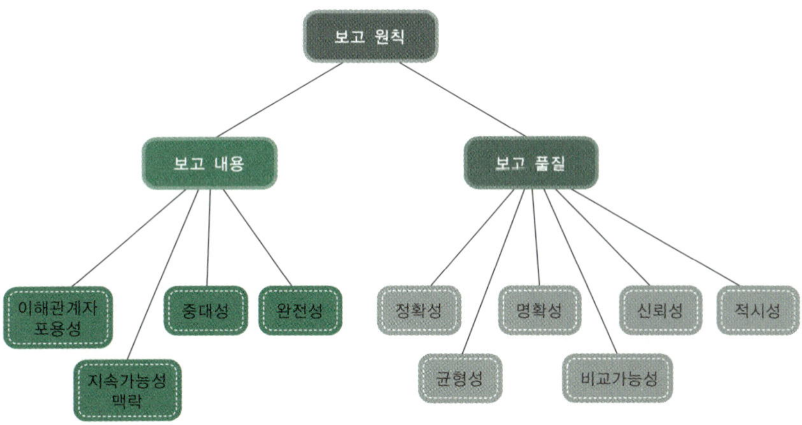

그림 1.10 보고 원칙 프레임워크

능경영보고서 준비를 위해 필요한 요구사항뿐만 아니라 표준의 사용 또는 인용 방법까지 기술한다. 기업이 고품질의 지속가능경영보고를 하려면 GRI 101: 기본에서 요구하는 보고원칙을 적용한다. 〈그림 1.10〉은 보고 원칙의 프레임워크에 해당하는 4가지 보고 내용과 6가지 보고 품질 관련 구조를 나타낸다. 다음은 프레임워크 내 각 구성요소에 대한 간략한 설명이다.

보고 내용 4가지

이해관계자 포용성(stakeholder inclusiveness)
이해관계자들을 식별하고, 그들의 기대와 이해관계에 대해 어떻게 대응하였는지를 설명한다.

지속가능성 맥락(sustainability context)
지속가능성에 대해 광범위하게 전후 상황을 고려하여 기업의 성과를 제시한다.

중대성(materiality)
중대한 경제적, 환경적 및 사회적 영향을 반영하거나 이해관계자들의 평가와 의사결정에 상당히 영향을 미치는 주제를 다룬다.

완전성(completeness)
중요한 주제들의 범위와 중대한 경제적, 환경적 및 사회적 영향을 반영하고, 이해관계자들이 보고 기간 내 기업의 지속가능성 성과를 평가할 수 있도록 충분한 경계(boundaries)를 포함한다.

보고 품질 6가지

정확성(accuracy)
이해관계자들이 기업의 성과를 평가하기에 충분할 정도로 보고된 정보는 정확하고 상세하여야 한다.

균형성(balance)
전반적 성과에 대해 합리적 평가를 할 수 있도록 기업의 성과에 관해 긍정적 측면과 부정적 측면을 모두 반영하여야 한다.

명확성(clarity)
정보를 사용하는 이해관계자들이 이해할 수 있고 접근 가능한 방식으로 정보를 이용할 수 있게 하여야 한다.

비교가능성(comparability)
보고된 정보는 이해관계자들이 시간의 경과에 따른 기업의 성과 변화를 분석할 수 있고, 다른 기업들과 비교분석 지원할 수 있는 방식으로 제시되어야 한다.

신뢰성(reliability)
보고(서)를 준비하는 데 사용된 프로세스들은 조사의 대상이 될 수 있고, 정보의 품질과 중대성을 확립하는 의미에서 정보를 수집, 기록, 편집, 분석 및 보고하여야 한다.

적시성(timeliness)
이해관계자들이 제 때에 정보를 이용하여 의사결정을 할 수 있도록 정기적으로 보고하여야 한다.

② GRI 102

GRI 102: 일반 공개(general disclosures)는 보고하는 기업과 그 기업의 지속가능성 보고에 관한 맥락적인 정보를 요구한다. 즉, 보고하는 기업의 개요, 전략, 지배구조(governance structure), 성실성(integrity), 윤리, 이해관계자의 참여 관행 및 보고 프로세스에 대한 정보를 포함하게 된다. 기업은 보고 내용을 규정하기 위한 보고 원칙을 적용하여 중요한 주제들을 식별할 뿐만 아니라 각 주제에 대한 경계(boundary)까지 식별하여야 한다. 여기서 주제에 대한 경계란 어떤 중요한 주제에 대해 영향이 어디서 발생하는가에 대한 것, 그리고 그 영향에 대한 기업의 관련성을 의미한다. 예를 들어, 기업은 기업 자체의 활동 또는 다른 기업들과의 비즈니스 관계에서 영향을 미치거나 받을 수 있다.

③ GRI 102

GRI 103: 경영 접근(management approach)에서는 기업이 GRI 200, 300 및 400 시리즈 같은 특정한 GRI 표준 관련 주제뿐만 아니라 기타 중요한 주제들까지 포함하여, 지속가능경영보고서 내에서 중요한 주제들을 어떻게 다루는지를 기술한다. 예를 들어, 보고하는 기업은 왜 그 주제가 중요한지, 어디서 영향이 발생할 수 있는지, 그 영향을 어떻게 다루는지에 관해 자세하게 설명하여야 한다.

중요한 주제별로 관련된 공개 사항에 대한 보고 내용은 〈그림 1.11〉에서와 같이 크게 GRI 200, 300 및 400 시리즈로 분류된다. 이 시리즈는 지속가능경영의 핵심인 경제적, 환경적 및 사회적 주제에 관련된 기업의 의사결정과 활동에 따른 영향에 관하여 보고할 때 적

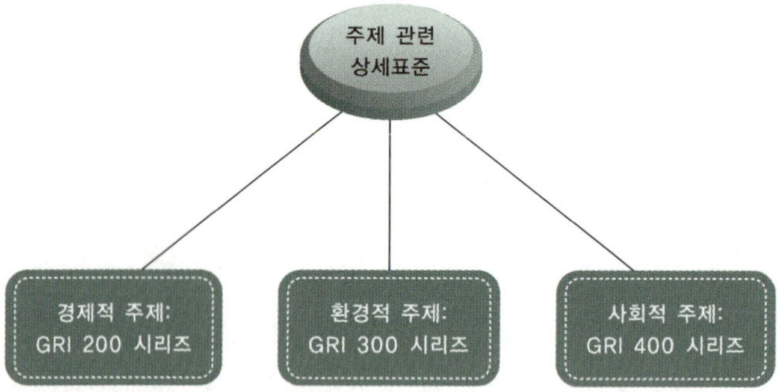

그림 1.11 주제 관련 상세표준 분류

용된다.

GRI 200 시리즈는 GRI 201: 경제적 성과, GRI 202: 시장 현전(market presence; 예를 들어, 시간당 최저 임금), GRI 203: 간접 경제적 영향, GRI 204: 조달 관행, GRI 205: 반부패 및 GRI 206: 반경쟁적 행위를 포함한다. GRI 300 시리즈는 GRI 301: 재료, GRI 302: 에너지, GRI 303: 물과 방류수, GRI 304: 생물다양성, GRI 305: 배출, GRI 306: 방류수와 폐기물, GRI 307: 환경적 준수(예를 들어, 환경법규) 및 공급자 환경평가를 포함한다.

GRI 400 시리즈는 GRI 401: 고용, GRI 402: 노사관계, GRI 403: 산업보건안전, GRI 404: 훈련과 교육, GRI 405: 다양성과 동등한 기회, GRI 406: 비차별(non-discrimination), GRI 407: 결사의 자유와 단체교섭, GRI 408: 아동노동, GRI 409: 강제 또는 의무노동, GRI 410: 보안 관행, GRI 411: 토착민의 권리, GRI 412: 인권 평가, GRI 413: 지역사회, GRI 414: 공급자 사회적 평가, GRI 415: 공공정책, GRI 416: 고객 보건안전, GRI 417: 마케팅과 표지(labeling), GRI 418: 고객 사생활(privacy) 및 GRI 419: 사회경제적 준수(socioeconomic compliance)를 포함한다.

지속가능경영보고서

지속가능경영보고서 또는 CSR보고서 같은 비재무적 성과(nonfinancial performance) 관련 보고는 지난 20여 년 동안 전 세계적으로 수많은 기업들 또는 투자자들에게 관심이 높아져 왔다. 국내에서도 2003년에 삼성 SDI, 현대자동차, 기아자동차 등 일부 대기업들이 처음 지속가능경영보고서 발간에 뛰어들면서 보고서를 발간하는 기업들이 점차 늘어나기 시작하였다. 최근 한국표준협회 ESG 경영추진단에 의하면, 코로나19로 인한 팬데믹 상황임에도 불구하고 2020년 한해 국내 기업 및 기관들이 발간한 지속가능경영보고서(sustainability report)는 141개에 달하였다.

〈그림 1.12〉는 한국표준협회가 GRI 지침과 국내환경을 고려하여 개발한 평가모형, KRCA(Korean Reader's Choice Awards)을 적용하여 조사 및 선정한 2020년 국내 기업의 부문별 우수 지속가능경영보

2020년 대한민국 지속가능보고서상(KRCA) 조사 결과

선정 보고서 수

수상부문	선정예정 보고서 수	최종선정 보고서 수
제조 부문	3	4
서비스 부문	3	4
공공 부문	3	0
통합 부문	1	1
최초 부문	1	1
합계	11	10

※ 공공부문 전 기관 이해관계자 온라인 조사 최소표본 미달로 제조, 서비스에서 각 1개씩 보고서 추가 선정

부문별 우수 보고서

구분	기업명	보고서명
제조 부문	유한킴벌리	2020 유한킴벌리 지속가능성 보고서
	포스코	2019 포스코 기업시민보고서
	포스코에너지	2019 포스코에너지 기업시민보고서
	KCC	2019/20 KCC 지속가능성보고서
서비스 부문	교보생명보험	SUSTAINABILITY REPORT 2019 KYOBO LIFE
	DGB금융그룹	DGB금융그룹 2019-2020 지속가능경영보고서
	신한금융그룹	2019 신한금융그룹 사회책임보고서
	SK주식회사	2020 SK 주식회사 지속가능경영보고서
통합 부문	KT	KT Integrated Report 2020
최초 부문	삼성SDS	2020 삼성SDS 지속가능경영보고서

그림 1.12 2020년 국내 기업의 부문별 우수 지속가능경영보고서

고서를 나타낸다.[19]

〈그림 1.12〉에서와 같이 지속가능경영보고서의 명칭은 기업의 특성이나 CEO 경영철학에 따라 기업시민보고서, 사회책임보고서, 통합보고서 등 다양하게 사용된다. 이 보고서들의 내용과 품질은 모두 GRI 표준에 따라 작성되었고, 독자 또는 이해관계자들로부터 보고에 대한 객관성과 신뢰성을 확보하기 위해 제3자 검증(third-party verification)까지 받았다. 지속가능경영보고서에 관심 있는 기업들이 〈그림 1.12〉의 우수 보고서들을 벤치마킹(benchmarking)하면, 보고서 발간에 상당한 도움이 될 것이다.

특히 금융위원회에서 기업의 ESG 공시를 단계적으로 의무화하려는 움직임이 있어 공공부문은 물론이고, 수출 중심의 우리 기업들이 이해관계자들(투자자 포함)의 니즈를 고려한 ESG 경영에 대한 관심이 더욱 커져서, ESG 경영성과를 담아내는 지속가능경영보고서 발간 또한 빠르게 증가할 것으로 전망된다. 그렇다면 기업들이 지속가능경영보고서 발간을 함으로써 기대할 수 있는 편익(benefits)은 어떤 것들이 있을까? 하는 의문이 생긴다.

지속가능경영보고서 발간에 따른 편익

대부분의 기업은 비즈니스 기회이면서 동시에 위협으로도 작용하는 사회적, 윤리적, 세계적, 정치적, 생태적 및 기술적 변화의 소용

19 https://www.ksa.or.kr/ksi/index.do

돌이 속에서 운영되고 있다.[20] 기업들이 그러한 환경에서의 비즈니스 기회, 그리고 위협으로 다가오는 이슈들의 영향을 고려하여 제때에 적절히 대응하고 있음을 지속가능경영보고서에 담아 내·외부 이해관계자들과 소통함으로써 기대되는 편익은 다음과 같다.

① 기업 내부 편익

기대할 수 있는 기업의 내부 편익(internal benefits)으로는,

- 비즈니스 관련 기회와 위협에 대한 이해(understanding)를 제고하게 된다.
- 재무적 성과와 비재무적 성과 간 연계의 필요성을 강조하게 된다.
- 비전과 중장기 경영전략, 방침 및 사업계획에 긍정적 영향을 미치게 된다.
- 법규, 윤리규범 및 성과 표준에 대한 구성원들의 인식을 높이게 된다.
- 사회적책임 및 ESG 경영에 취약한 기업이 아니라는 것을 인식하게 된다.

② 기업 외부 편익

기대할 수 있는 기업의 외부 편익(external benefits)으로는,

- 외부 독자 또는 이해관계자들이 기업의 가치와 유·무형자산을 모두 이해하게 된다.

20 Lawrence, A. T. & Weber, J., "Business and Society: Stakeholders, Ethics, Public Policy", 13th ed., McGraw-Hill International Edition, 2011.

- 부정적인 사회적책임 또는 ESG 영향을 제거 또는 완화하게 된다.
- 기업의 이미지와 상표 충성도(brand loyalty)를 개선하게 된다.
- 기업이 지속가능발전에 어떻게 영향을 미치고, 영향을 받는가를 입증하게 된다.
- 정부의 지속가능보고서 공시 의무화에 대비할 수 있다.

GRI 표준을 반영하는 지속가능경영보고서

〈그림 1.12〉의 우수 보고서 사례에서 보듯이 대부분의 기업이 GRI 표준을 반영하거나 참고하여 지속가능경영보고서를 발간하고 있다. 즉, 보고서를 구성 및 편집할 때 GRI 100 시리즈(GR1 101: 기본, GRI 102: 일반 공개 및 GRI 103: 경영 접근) 프로세스와 기준을 모두 따르거나 아니면, 필요한 일부만 선택 및 인용하는 경우로 구분된다.

① GRI 표준을 완전히 준수(부합)하는 경우

기업이 GRI 101, 102 및 103 표준에서 요구하는 프로세스와 기준(criteria)을 충족하고, 다루는 중요한 주제들과 관련된 영향뿐만 아니라 그 영향이 어떻게 그 기업 내에서 경영되었는가에 대한 것까지 전반적으로 균형 있는 보고서를 발간하려고 할 때 선택한다.

② GRI 표준 중 일부분만을 인용하는 경우

기업이 경제적, 환경적 또는 사회적 영향에 관련된 특정한 정보를 보고하기 위해 GRI 101, 102, 103 표준에서 요구되는 프로세스와 기준 중에서 선택하거나 내용 중 일부분만 인용하는 보고서를 발간하려고 할 때 선택한다.

지속가능경영보고서 제3자 검증

많은 기업이 GRI 표준을 준수하거나 일부분만 인용하여 준비한 지속가능경영보고서를 공개하기 전에, 보고서에서 주장하는 지속가능성 성과와 프로세스에 대한 신뢰를 확보하기 위해 제3자 검증을 받는다. 현재 지속가능경영보고서에 대한 글로벌 검증표준으로 가장 널리 적용되는 것이 AA 1000 어카운트빌리티 원칙(AccountAbility Principles, AP 2018)과 AA 1000 보증표준(Assurance Standard-v3, AS-v3)이다.[21]

① AA 1000 어카운트빌리티 원칙 적용

그동안 적용해 왔던 AA 1000 어카운트빌리티 원칙 표준 2008(AccountAbility Principles Standard, APS 2008)은 3원칙 즉, 포용성

21 https://www.accountability.org/standards

(inclusivity), 중대성(materiality) 및 대응성(responsiveness)을 준수하는 것으로 되어 있었다. 하지만 현재 적용되는 개정판, AA 1000 AP(2018)은 포용성, 중대성, 대응성에 영향(impact)을 추가하여 4원칙으로 되어 있다. 4원칙은 지속가능경영보고서에서 설명책임과 지속가능성 성과를 공고히 한다. 각 원칙에 대한 정의는 다음과 같다.

원칙 1. **포용성(inclusivity)**
이해관계자는 영향을 미칠 수 있는 기업의 의사결정에 대해 발언할 권리를 가져야 한다. 즉, 기업은 이해관계자를 적극적으로 식별하여 중요한 지속가능성 주제를 설정하고, 설정된 주제에 대한 전략적 대응책을 마련하는 과정에 그 이해관계자를 참여하도록 한다.

원칙 2. **중대성(materiality)**
기업의 의사결정자는 중요한 지속가능성 주제를 식별하여 분명하게 다루어야 한다. 즉, 기업은 설정된 주제에 관련된 기업과 이해관계자에 대한 효과(effect)를 고려하여, 가장 관련성이 높은 지속가능성 주제를 식별하고 우선순위를 결정한다.

원칙 3. **대응성(responsiveness)**
기업은 중요한 지속가능성 주제와 그 주제에 관련된 영향에 대해 투명하게 대처하여야 한다. 즉, 기업이 중요한 지속가능성 주제와 그 주제에 관련된 영향에 대해 시의적절하게 관련 있는 대응을 한다.

원칙 4. **영향(impact)**
기업은 대응한 조치들이 어떻게 광범위한 생태계에 영향을 미치는가에 대하여 모니터링하고 측정하며 책임을 져야 한다. 즉, 개인이나 기업조직의 일부, 경제, 환경, 사회, 이해관계자 또는 기업조직 자체에 대한 행동, 성과 및 결과에 대한 효과(effect)이다.

AA 1000 AP(2018)는 기업의 지속가능성 과제를 식별, 우선순위 결정, 대응 및 개선하는데 사용될 수 있는 지침이면서, 외부 보증에 필요한 AA 1000 보증표준(AA 1000 AS-v3)과 연계되도록 설계되어 있다.

② AA 1000 보증표준 적용

데이터의 검증뿐만 아니라 AA 1000 AP(2008) 4원칙에 따른 보증참여를 위한 프로세스도 점검한다. 즉, 지속가능경영보고서에 대한 보증참여를 수용하기 전에 전제조건으로 독립성과 공정성, 역량 및 참여에 대한 상호합의가 요구된다.

독립성과 공정성(independence and impartiality)

보고하는 기업 또는 그 기업의 중대한 이해관계자들과 이해충돌이 없다는 것을 보장하기 위해, 보증제공자(외부보증기관)는 독립적이고 공정한 성명서를 제공하는 데 있어 보증제공자의 능력에 영향을 미칠 것으로 인식될 수 있는 재정적, 상업적, 보고서 준비, 거버넌스, 동업자 및 소유권 위치 같은 관계, 그리고 기타 전문적인 관행 규범들을 포함하여 독립성과 공정성에 대한 보증제공자 스스로 수용 가능성을 자체 평가하여야 한다. 독립성과 공정성에 대한 평가에서, 보고하는 기업 및 기업의 중대한 이해관계자들과 이해충돌이 없을 때만 보증참여를 수용한다.

역량(competence)

보증제공자는 보증실무자들 뿐만 아니라 보증참여에 가담한 외부 전문가들까지 최소한 AA 1000 AP(2018) 원칙, 보고와 보증에 관련된 관행 및 표준, 보증참여의 특정 주제를 포함하여 지속가능성 주제, 이해관계자 참여 같은 분야에 있어 충분한 능력을 갖추었음을 명백히 보장하여야 한다. 따라서 보증제공자는 보증참여의 전반적인 측면을 제시하는 데 필요한 보증 감독메커니즘, 보증 프로세스의 법적인 함축성 이해, 기반구조 및 시스템 같은 제도적 역량들을 충분히 갖춘 경우에만 보증참여를 수락하여야 한다.

참여 합의(engagement agreement)

보증참여를 수용하기 전에, 보증제공자는 참여 주제의 적절성에 만족하고, 보증실무자는 발견사항들과 결론을 뒷받침할 정도로 충분한 증거에 접근할 수 있어야 한다. 이러한 기준을 확립할 수 없는 경우, AA 1000 보증표준에 부합하는 보증을 실행할 수 없게 된다. 따라서 기업의 기존 조달 관행과 합의를 사용할 경우, 기본적으로 보고하는 기업과 보증제공자의 책임과 기대, 참여에 포함될 보증 성명서 및 경영자에 대한 보고의 범위(경계, 유형 및 수준), 참여의 주제 및 적용기준 등을 포함한다.

③ 보증참여 범위, 보증 유형 및 수준

기업의 역량에 따라 재무보고서에서 적용된 경계 또는 공급사슬까지 확장하여 보고하는 경계(reporting boundary), AA 1000 보증표준에서 정의된 보증의 유형(제1유형, 제2유형)과 수준 등을 포함한다.

제1유형(type 1) 보증참여의 경우

보증제공자는 AA 1000 AP(2018)의 4원칙에 대한 준수 정도를 검토(프로세스, 시스템과 통제 및 이용 가능한 성과정보에 대한 증거) 및 평가하여 관련 있는 발견사항과 결론을 제공하여야 한다.

제2유형(type 2) 보증참여의 경우

보증제공자는 AA 1000 AP(2018) 4원칙의 고수 정도에 대한 평가뿐만 아니라 명시된 지속가능성 성과와 공개된 정보의 신뢰성과 품질까지 평가 및 입증하며, 관련 있는 발견사항과 결론을 제공하여야 한다.

보증 수준(assurance level)에서 보증제공자는 보고하는 기업과 제공될 보증의 수준(높은 수준 또는 보통 수준)에 대하여 상호합의하여야 한다.

보통 수준의 보증을 목표로 하는 경우

AA 1000 AP(2018) 4원칙의 준수에 대한 증거는 기업 내부에서의 출처와 당사자들에게서 나오거나 모아진다. 이때 증거의 수집은 기업조직 내 경영자급 수준으로 제한된다. 명시된 성과와 공개된 정보의 평가는 필요에 따라 기업조직 내 낮은 수준에서의 기본적인 표본추출(sampling) 뿐만 아니라 질문과 분석절차도 포함하여 증거의 제한된 깊이로 한다. 또한 정보의 타당성에 역점을 둔다.

높은 수준의 보증을 목표로 하는 경우

AA 1000 AP(2018) 4원칙의 준수에 대한 증거는 이해관계자들을 포함하여 내부와 외부의 출처 및 당사자들에게서 나온다. 증거는 기업조직의 모든 수준(all levels)에서 수집된다. 명시된 성과와 공개된 정보의 평가는 기업조직 내 다양한 수준에서의 입증할 증거 및 충분한 표본추출을 포함하여 증거의 광범위한 깊이로 수행된다. 수집된 정보의 신뢰성과 품질에 역점을 둔다.

④ 보증참여 이행

보고하는 기업과 보증제공자 간에 AA 1000 보증표준에 의한 보증참여 상호합의가 이루어지면, 보증제공자는 합의에 따른 보증참여를 효과적으로 이행하기 위한 계획을 수립하고 실행에 들어가야 한다.

보증참여 계획수립

보증제공자는 상호합의된 보증참여 범위에 관련된 증거를 수집하고, 평가하기 위한 전략을 개발하고 문서화한다. 즉 목표, 인도물, AA1000 보증표준, 역할과 책임 및 관계, 역량과 능력, 보증참여 범위, 기준, 보증의 유형과 수준, 리스크 평가와 증거 요구사항을 포함한 보증 전략 및 과제와 활동(증거수집 방법, 자원요구사항, 일정을 포함)이 포함된 보증참여 계획을 문서화하여야 한다.

보증참여 실행

보증제공자는 입수된 증거들과 그 증거들과의 관계에 대한 타당성을 평가하고, 질문을 하며, 평가한 자료와 이어지는 모든 결론을 문서화하여야 한다.

2장

ESG 경영의 실행전략

01 리더십과 지배구조

02 사회적책임경영

03 환경경영과 기후변화 대응

04 ESG 성과창출

01 리더십과 지배구조

ESG 경영의 본질과 리더십

ESG 경영은 이제 기업의 사회적책임(CSR) 차원을 넘어 기업 생존을 위한 핵심평가와 투자를 위한 중요한 요소로 인식되고 있다. 많은 선진기업이 ESG 경영을 사업계획에 전면으로 내세우고, 관련된 전담부서를 설치하는 등 적극적인 움직임을 보인 것도 이 때문이다. ESG 경영의 흐름과 대세는 앞으로 더욱 가속화될 것이다. 이러한 시점에서 ESG 경영의 본질과 리더십에 대해서 알아볼 필요가 있다.

ESG 경영은 기업이 재무적 성과에만 집중하는 것에 벗어나 사회와 소통하고 환경을 보호하면서 지속가능한 조직으로 변모하기 위한 전략적 실행 대안으로 볼 수 있다. ESG 경영은 미래사회를 더 깨끗하고 정의로우며 더불어 나눔이라는 방향을 추구하는 본질적인 특징을 갖고 있다. ESG 경영을 구성하는 핵심요소들의 개별적인 가치 역시 이러한 본질적인 특징이 인적자원 모두에게 얼마나 체화되었는가

(또는 스며들었는가)로 판별할 수 있다. ESG 경영이 단순한 조직구조 변화로는 소기의 성과를 달성하기 어려운 것도 이러한 근거에서 찾을 수 있다.

따라서 ESG 경영을 위한 역할 모드에서 가장 중요한 키맨(Key Man)은 다름 아닌 CEO, 즉 최고경영자라고 볼 수 있다. 흔히 말하는 '리더의 크기가 조직의 크기이다'라는 경영학에서의 격언은 ESG 경영에서도 그대로 적용된다. 이미 ESG 경영을 위한 조직개편을 시행하는 국내 기업들의 사례는 쉽게 찾아볼 수 있다. ESG 경영을 위한 조직개편에 있어서 조직 변모를 이끄는 리더의 역량과 수준에 따라 ESG 경영의 의사결정 구조와 성과가 달라진다는 것은 주지의 사실이다. 시대적 흐름이라는 단순한 인식하에 ESG의 본질과 합리적인 추구 방향을 제대로 인지하지 못한 리더가 ESG를 추구한다면 지속가능성을 담보하기는 어렵다. ESG 경영을 위해서 리더는 ESG에

두산중공업	2021년 1월 '크레도 CSR' 조직▶'크레도 ESG' 조직으로 개편
SK이노베이션	2020년 12월 SV(사회적가치)담당 조직▶ESG 전략실로 확대개편
포스코	2020년 1월 ESG 전담조직 신설
현대중공업그룹	2021년 1월 ESG 전담조직 신설
대한항공	2020년 8월 이사회 내 거버넌스 위원회▶ESG 위원회로 확대개편

그림 2.1 ESG 조직 신설·개편한 기업(사례)
출처: 머니투데이, "ESG 경영이 살길" 몸 만드는 기업들, 2021. 2. 16.

대한 나름의 경영철학이 반드시 정립되어 있어야 한다. ESG 경영은 현재까지 지탱되어 온 수많은 경영방식 및 체계와 견주어 볼 때, 가장 윤리적으로 합당한 원리(Principal)를 바탕으로 하고 있다고 보아도 과언이 아니기 때문이다.

리더십의 유형은 관리자, 동기부여자, 조정자, 위기관리자, 섬기는 리더십 등과 같은 다양한 기준으로 분류될 수 있다. ESG 경영에 적합한 리더십의 유형에 대하여 아직 연구되거나 명확하게 정리된 바는 없다. 분명한 것은 CEO가 ESG 경영의 본질을 이해하고, 미래 사회와 환경 등을 온전하게 연결하는 양심적 사고를 지녀야만 한다는 것이다. 이전과 같은 아날로그적 범주에서 기업의 존재와 역할을 인식해서는 ESG 경영을 이끌 수 없기 때문이기도 하다. 이러한 리더십은 조직을 구성하는 인적자원 개개인의 사고에도 큰 영향을 끼치기 마련이다. ESG 경영을 단순한 유행으로 받아들이는 기업과 생존 전략으로 인식하는 기업의 운영 행태와 미래 모습은 확연하게 달라질 것이다.

기업의 우선순위는 시장 환경과 정세 등에 따라 전략적으로 바뀌는 것이 상식이다. 이제는 ESG 경영의 필요성을 명확하게 인지하는 시점을 지나 ESG 경영을 위한 비전과 전략을 설정해야 하는 시점에 진입하였다고 볼 수 있다. 이때 집중해야 할 사항은 일반적인 ESG 경영의 틀을 근간으로 하지만 우리 기업의 수준에 맞게 변화하고자 하는 노력이다. 기업의 특색에 맞는 ESG 경영의 비전과 전략을 제대로 수립해야만 ESG 경영의 본질 역시 오랫동안 유지될 수 있기 때문이다.

ESG 경영의 비전과 전략

경영의 패러다임이 바뀌어 이미 ESG 경영이 기업 생존의 화두가 되고 있다는 사실은 각국 정부의 규제 강화와 자본시장의 거센 요구의 영향이라고 보아야 할 것이다. 전문가들이 ESG 경영이 가속화 단계에 접어들었다고 보는 이유도 여기에 근거를 두고 있다. 따라서 이제는 실무 차원에서 부분적으로 회자하던 ESG 경영이 CEO 레벨에서 강조되어야만 한다. CEO가 ESG 경영에 대하여 올바른 개념을 설정하여 조직의 비전을 제시하는 것은 ESG 경영의 출발점이자 구심점이라 할 수 있다.

ESG 경영의 비전(또는 비전체계)은 기본적으로 글로벌 ESG 평가에서 요구되는 다양한 정보를 포함하여야 한다. 또한 기업이 추구하는 미래지향적 가치를 내포하고 있어야 한다. ESG 경영의 비전은 세계적인 지속가능경영 추세에 발맞춰 수립되어야 하며, 이로써 이해관계자의 고객가치 향상에도 지속적으로 기여할 수 있다. 국내에서도 SK이노베이션을 비롯하여 포스코, 미래에셋생명, 현대ENG 등에서 ESG 경영비전을 선포하며 관련 활동을 추진하고 있다.

특히 기업의 가치제고를 위한 ESG 경영체계에 대한 하나의 프레임워크(Framework)를 제시하기 위해 삼정KPMG의 내용을 소개하자면 다음과 같다. ESG 경영체계는 첫 번째로 비전과 목표, 두 번째로 전략, 세 번째로 경영 인프라, 네 번째로 이해관계자와의 의사소통 등을 포함한다.

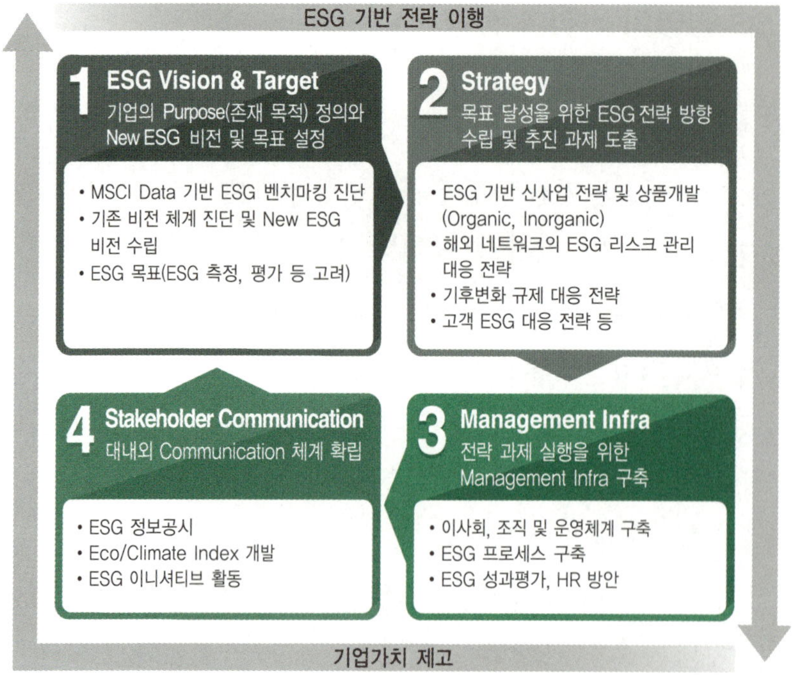

그림 2.2 ESG 경영체계 구축 프레임워크

출처: 삼정KPMG 뉴스레터, "ESG의 부상, 기업은 무엇을 준비해야 하는가?", 2021, 4.

위 개념에 근거하여 ESG 경영전략의 개념은 'ESG 관점에서 기업의 비전과 목표를 설정하고 이러한 목표를 달성할 수 있는 전략과 과제, 실행 체계 등을 구축해 일관되게 추진하는 것'으로 정의할 수 있다. ESG 경영전략 수립을 위해서는 기업의 사회적책임(CSR: 이해관계자 식별과 참여를 중심)과 ESG(투자유치에 필요한 비재무적 요소의 분별과 관리, 평가 중심)의 개념적 이해를 분명히 할 필요가 있다.

GSIA(Global Sustainable Investment Alliance, 글로벌 지속가능 투자 연

합)에서 제시하고 있는 ESG 투자전략은 〈표 2.1〉과 같다. GSIA에 따르면 2018년 기준 세계적으로 가장 많은 ESG 투자전략은 네거티브 스크리닝(19.8조 달러), ESG 통합(17.5조 달러), 기업 관여 및 주주활동(9.8조 달러) 순으로 나타났다.

ESG 경영의 비전과 전략이 성공적으로 조직에 안착하기 위해서는 재무 및 비재무 요소들을 통합적으로 고려하면서 균형 있는 의사

표 2.1 ESG 투자전략

ESG 투자전략	개요
1. 네거티브 스크리닝 (Negative screening)	ESG 기준에 부합하지 않는 산업·기업을 포트폴리오에서 제외하는 방법
2. 포지티브 스크리닝 (Positive screening)	업종별 ESG 평가 결과가 우수한 섹터·기업·프로젝트를 선별
3. 지속가능성 테마투자 (Sustainable Investment)	기후변화, 음식, 물, 재생에너지, 청정기술 및 농업과 같은 특정 지속가능성 문제를 다루는 테마 자산에 대한 투자
4. 임팩트 투자 (Impact Investment)	사회·환경적 문제를 해결하기 위한 목표를 가진 투자
5. ESG 통합(ESG integration)	기업 재무분석과 더불어 ESG 요소를 체계적이고 명시적으로 포함하여 분석·평가·투자하는 방식
6. 기업 관여 및 주주활동주의 (Active Ownership)	책임투자기준에 맞는 기업경영 유도를 위해 주주권한을 활용하여 기업관여활동, 의결권 행사, 주주제안 등 적극적인 영향력을 행사하는 방식
7. 규범기반 스크리닝 (Norms-based Screening)	ESG 기준의 투명성을 유지하는 투자 사슬(investment chain) 유지 여부(투자 관련된 모든 당사자들-투자자, 운용관련업자, 포트폴리오社 등)

출처: UNPRI, 2020.

결정을 이루는 조직문화와 프로세스가 구축되어야 한다. 특히 조직문화는 명령체계에 의해서 정착되는 요소가 아니며, CEO부터 하부 구성원까지 지속적으로 함께 일구어내야 하는 문화적 성격이 강하기 때문이다. 따라서 ESG 경영의 비전과 전략은 프로세스라는 하드웨어(Hardware)적 요소와 조직문화라고 하는 소프트웨어(Software)적 요소가 조화롭게 결합하여야 제대로 작동하여 소기의 목적이 달성됨을 명심하여야 한다.

ESG 경영의 지배구조

ESG 경영이 성공하기 위해서는 E·S·G를 개별적인 전략으로 추진할 것이 아니라, 통합적인 관점에서 E·S·G가 상호보완 및 연계되어야 한다는 것은 자명한 사실이다. 한편, 분야에 따라서는 우선시 하는 ESG 부분이 있어 증시의 투자자들은 ESG 중 대체로 'E'에 관심을 집중한다. 그린뉴딜 등 정부정책자금이 투입되어 '돈이 되는 분야'라고 보기 때문이다. 이런 이유로 기업과 금융회사들도 ESG 경영을 표방하게 되면 대개 탈탄소 등 환경 이슈를 부각하고 있다. 〈표 2.2〉의 산업별 전략적 ESG 핵심이슈를 보더라도 'E'와 'S'에 관한 이슈들이 'G'보다는 상대적으로 많다는 사실을 알 수 있다.

이러한 인식을 바탕으로 ESG 핵심요소(E·S·G)의 비중이나 중요성을 기준으로 할 때 기업에서 ESG 부문에서 가장 구축하기가 용이

표 2.2 주요 산업별 ESG 전략 이슈

산업구분		ESG 구분			핵심 이슈
첨단기술, 미디어 및 통신 부문	통신, 미디어, 엔터테인먼트 산업	E	**S**	G	ESG 사이버 보안 및 개인 정보 보호 강화
		E	**S**	G	연구개발 강화 및 제품(콘텐츠) 개발을 위한 우수 인재 확보
		E	S	**G**	공정한 경쟁 및 책임 있는 제품 관리
	첨단기술 산업	**E**	**S**	G	공급망 환경·인권 평가 및 모니터링
		E	S	G	에너지 효율 제품개발 및 확대
		E	S	G	제품 폐기량 감축 및 재활용 방안 확대
소비자 부문	소비재 산업	E	**S**	G	책임 있는 원료 조달
		E	S	G	친환경 제품개발 및 판매 확대
		E	**S**	G	고객의 건강을 고려한 제품개발
	유통 산업	**E**	S	G	친환경 제품개발 및 판매 확대
		E	**S**	G	공급망 인권 이슈 모니터링 및 관리 강화
		E	**S**	G	제품 생산부터 판매, 폐기 단계 효율성, 안전성, 지속가능성 관리
	자동차 산업	**E**	S	G	친환경 제품개발 및 판매 확대
		E	**S**	G	임직원 안전 및 건강 관리 강화
		E	**S**	G	공급망 환경 · 인권 평가 및 모니터링
	교통, 호텔, 레저 및 서비스 산업	E	**S**	G	고객 만족도 제고 및 평판 관리
		E	S	**G**	기업경영 전문성 강화
		E	S	G	환경 영향 최소화 노력
에너지, 자원 및 산업재 부문	에너지, 화학 산업	**E**	S	G	자원 효율성 증대 프로세스 및 기술개발
		E	**S**	G	공급망 관리 및 리스크 평가
		E	S	G	임직원 안전 및 건강 관리 강화
	산업재 및 건설업	**E**	S	G	친환경 자재 구매(친환경 인증 목자재, 재활용 콘크리트 등)
		E	S	G	LCA 기반 친환경, 에너지 효율화 빌딩 건축, 사회 · 환경 리스크 관리
		E	**S**	G	임직원 안전 및 건강관리 강화

금융 부문	은행, 보험, 부동산업	E	S	**G**	지배구조 선진화(CEO 선임 투명성, 사외이사 독립성 강화 등)
		E	**S**	G	투명한 고객과의 커뮤니케이션 및 개인정보 관리
		E	**S**	G	금융 상품개발 및 환경 · 사회 리스크 평가 및 관리의 확대
생명과학 및 헬스케어 부문	제약 · 바이오, 병원 · 의료 서비스 산업	**E**	S	G	기후변화가 비즈니스에 미치는 영향 파악 및 관리
		E	**S**	G	제품을 통한 글로벌 사회문제 해결(건강 & 웰니스 증진 등)
		E	**S**	G	연구 개발 강화 및 제품개발을 위한 우수 인재 확보

주: 국내외 비재무평가(DJSI, MSCI, CGS 등) 종합분석을 통한 산업별 우선순위 이슈
출처: 딜로이트 분석

하고 실행하기가 쉽다고 생각하는 부분이 'G'(지배구조)일 가능성이 크다. 조직의 실행 차원에서 관련 구조변화나 인식의 변환을 도모하기가 지배구조 측면이 다른 요소보다 수월하다는 일반적인 견해가 한국기업사회에서 자리 잡고 있기 때문이기도 하다. 그러나 관점을 달리해보면 어느 조직이나 전략실행, 비전달성에 있어서 중추적인 역할을 하는 것이 임원과 이사회라고 볼 수 있지만, 실제로 선진화된 지배구조를 구축하는 문제는 그리 녹록하지가 않다. CEO와 이사회를 포함한 바람직한 지배구조의 구축을 위해서는 'E' 측면과 'S' 측면보다 선제적으로 핵심 사안들이 'G'의 원칙으로써 고수되어야 하기 때문이다.

핵심 사안에 대해 말하자면 첫째, 지배구조가 무엇보다 투명하여야 한다. 지배구조의 투명성은 의사결정구조가 체계적이고 그 과정과 결과 역시 투명하게 공개되어야 한다는 것을 전제하고 있다. 내부통제와 감사 역시 독립적으로 임원의 눈치를 보지 않고 수행될 수 있어야 하고, 이사회의 구조 및 위원회의 구성과 운영에 있어서 명확한 체계가 갖추어져 있어야 한다. 또한 기업의 가치를 창출하는 데 CEO와 최고 의사결정구조 간에도 유기적인 관계가 형성되어야 한다.

둘째, 지배구조가 기업의 리스크를 선제적으로 막거나 최소화하기 위한 역할을 할 수 있어야 한다. 리스트를 관리하는 활동의 수행 여부 및 결과의 차이는 바로 그 조직이 가진 지배구조의 구조와 작동수준에 달려있다고 보아도 과언이 아니다.

셋째, 지배구조를 구성하고 있는 구성원들이 조직 내·외 이해관계자들과의 소통까지 포함하는 매우 포괄적인 경영관리의 프로세스와 시스템을 이해하고 있어야 한다. CEO·이사회가 주도하는 ESG 거버넌스를 구축하여 ESG 이슈를 직접 관리하도록 하는 게 중요한 이유도 이러한 측면과 연결되기 때문이다.

넷째, 이사회 구성원들이 ESG를 올바로 이해하고 조직의 가치창출에 협력할 수 있는 관점과 눈높이를 높이기 위한 교육체계가 마련되어 있어야 한다. 이러한 기반이 구축되어 있을 때 비로소 거버넌스는 투자자 및 주요 이해관계자 입장에서 믿고 맡길 수 있는 튼튼한 인프라 환경과도 같은 것이다. 따라서 견고하고 튼튼한 조직과 의사결정 체계를 보여줘야 투자자로부터 신뢰를 얻고 리스크 관리에 대해 직접적, 간접적 모니터링 효과를 기대할 수 있을 것이다.

그러나 국내 기업의 지배구조 수준이 선진국의 주요 기업들과 비교하여 상당히 뒤처진 것이 현실이다. 아시아 기업거버넌스협회에 따르면 2017년 세계경제포럼 국가경쟁력 평가항목 중 ① 소수이익 보호 ② 이사회 유효성 ③ 기업윤리 등 지배구조 측면에서 한국은 각각 99위, 109위, 90위로 이는 아시아 12개국의 순위 중 9위에 해당한다고 진단하였다. 후진적 지배구조의 대표적 사례로는 감사위원 선임을 규정하고 있는 법안이라고 볼 수 있다. 현행 상법은 자산총액이 2조 원 이상인 기업의 경우 감사위원회를 설치토록 규정하고 있다. 감사위원회 위원의 3분의 2는 사외이사 중에서 선출해야 하는데, 문제는 대규모 기업집단의 경우 지배주주가 사외이사를 선출하는 과정에서 여러 방법으로 영향력을 발휘할 수 있다는 점이다. 사실상 지배주주가 간접적으로 입맛에 맞는 감사위원을 선출한다는 '셀프 감사'라는 비판이 나온다. 이 경우 기업이 경영상 중요한 의사결정을 내릴 때 지배주주 이해관계에서 기업 측에 치우칠 우려가 발생할 가능성이 크며, 아직도 대다수의 많은 기업이 이러한 행태를 벗어나지 못하고 있다.

이러한 후진적 지배구조와는 달리 SK(주)가 이사회에 대표이사 평가, 중장기 전략 수립 등 경영핵심분야에 대한 심의 권한을 추가로 부여하는 등 이사회 중심의 지배구조 혁신을 실시한다는 소식은 우리나라 산업계에 신선한 뉴스거리를 제공해주고 있다. SK(주)에 따르면 "이번 지배구조 혁신전략의 골자는 회사경영의 핵심요소인 인사, 전략, 감사 3대 영역을 이사회와 보다 폭넓게 공유하고 최고의결기구로서 이사회의 실질적 참여 수준과 독립성, 전문성을 대폭 높이는 것"이라고 설명하고 있다. 이로써 SK㈜는 환경(E), 사회(S) 분야의 실천 노력에 더해 주주, 투자자, 고객 등 다양한 이해관계자들이 공감하고 지지하는 수준으로 지배구조(G)를 한층 더 업그레이드하여 ESG 경영을 완성해간다는 방침이다. 다음 〈그림 2.3〉은 SK(주)의 이사회 중심의 책임경영을 보여주는데, ESG 경영에서 시사하는 바가 크다.

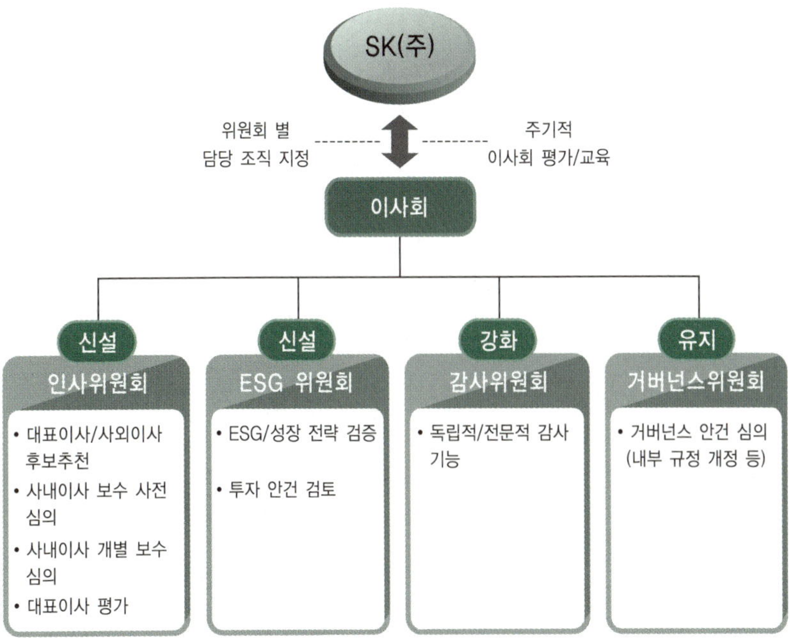

그림 2.3 SK(주) 이사회 중심의 책임경영

따라서 이사회와 CEO가 주도하는 ESG 지배구조를 구축하여 ESG 이슈를 직접 관리하도록 하는 게 중요하다는 것은 점차 주지의 사실이 되고 있다. 결국 ESG 경영의 출발점이자 핵심은 리더(CEO)로 귀결되는데, 다음과 같은 자질이 요구된다.

첫째, 리더의 굳건한 ESG 수행 의지가 중요하다고 할 수 있다. 리더가 ESG에 대한 사회적책임을 인지하지 못하면 시대적 대세라 하여 설령 ESG 경영을 도입하더라도 결국 기업운영의 모든 관점을 재무적 측면으로 귀결시킬 것이기에 ESG 경영이 기업운영의 원칙으로 자리 잡기는 어려울 것이다.

둘째, ESG 경영을 위해서는 전문성을 갖춘 리더가 되어야 한다. 기후위험과 같은 사회·환경 문제를 이해 못 하는 최고경영진과 이사진에게 ESG 경영은 불가능한 일이다. 또한 ESG 경영에 전문성을 갖춘 리더야말로 SK(주)와 같이 이사회나 지배구조 위원회를 통하여 기업경영의 왜곡을 막고, 기업의 미래가치를 함께 창출할 수 있다는 것을 정확하게 인식하는, ESG 경영에 적합한 리더라 할 수 있다. 실제 ESG 경영을 위하여 기업의 핵심비즈니스에서 환경과 사회위험을 줄이고 새로운 기회를 창출하려는 노력 없이 단순히 비재무적 측면을 고려하여야 기업수명이 지속할 것이라는 단순한 믿음으로 ESG 경영에 접근해서는 오히려 기업이 더 빨리 경영위험에 직면할 가능성이 크다. 게다가 시민과 투자자들이 기업의 리더가 기후위기와 같은 사회·환경 문제에 대한 이해도와 전문성을 가지기 위해 어떠한 노력을 하고 있는지를 모니터링하는 시점에 도달하였다.

셋째, 리더는 지배구조를 지지하는 역할을 충실히 이행하여야 한다. 기업의 최고의결기관으로서 ESG 지배구조가 주요 의사결정 사항에 대하여 의사결정을 할 수 있도록 지지하는 역할(Supporter)을 유지하는 것이 필요하다. 무늬만 의결기구로 자리하고 있는 지배구조로는 본래의 역할을 하지 못할뿐더러 향후 ESG 경영을 추진하는 데도 부정적인 결과를 초래하는 기구로 작동할 수 있기 때문이다. 결국 사회·환경 문제를 해결하기 위해서는 ESG의 제대로 된 지배구조 구축이 ESG 경영의 선행 요소라 할 수 있다.

ESG 정보공개(공시)

최근 경제뉴스에 '그린 워싱(green washing)'이라는 생소한 단어가 종종 등장하고 있다. 그린 워싱은 기업이 추구하는 바가 친환경이 아닌데도 환경적으로 지속가능성이 있다고 홍보하는, 겉모습만 ESG인 경우에 빗대어 표현한 것이다.

이는 ESG에 대한 기업 및 일반인들에게까지 뜨거운 관심과 열기에 비하여 신뢰할만한 관련 정보를 얻기는 상대적으로 어렵다는 반증이기도 하다. 상장기업이 증권의 발행이나 유통과 관련하여 투자자의 투자판단에 필요한 모든 정보를 공개토록 하는 기업공시제도의 필요성이 대두되는 이유이다.

이러한 환경요구에 따라 금융위원회에서 2021년 1월에 ESG 공시

의무화 사항을 발표하였다(그림 2.4 참고). 앞으로는 기업들의 ESG 관련 공시가 단계적으로 의무화된다. 환경(E) · 사회(S) 정보에 대해선 오는 2025년부터 자산 2조 원 이상의 코스피 상장사부터 의무적으로 공시해야 하며, 이는 2030년부터는 모든 코스피 상장사로 확대된다. 구체적으로 보면 지배구조(G) 정보의 경우에는 2026년부터 모든 코스피 상장사로 확대된다. 'ESG 정보공개 가이던스'에는 정확성, 명확성, 비교가능성, 적시성 등 ESG 정보공개의 일반 원칙이 제시되어 있는데, 국내외 경제 및 시장 환경이 급변하고, 기업과 투자자 간 소

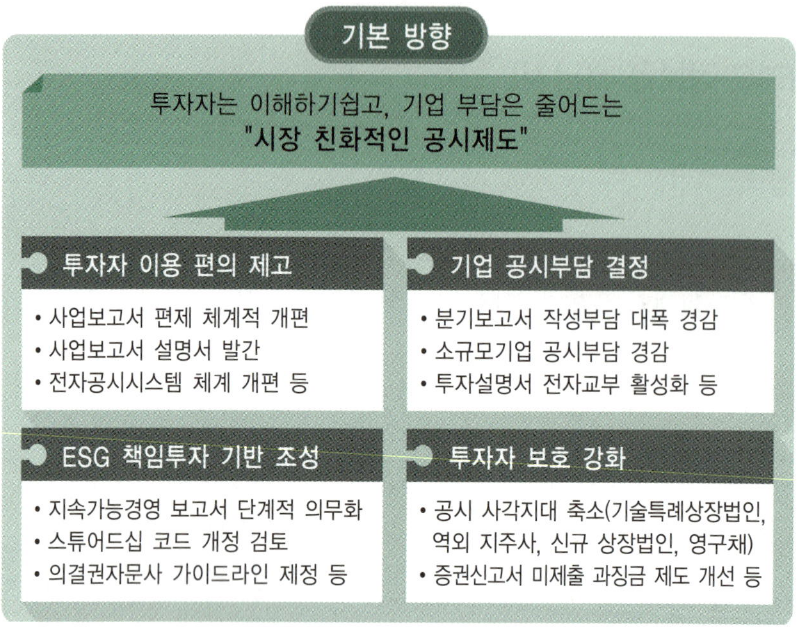

그림 2.4 기업공시제도의 개선 방향

출처: 금융위원회, 기업공시제도 개선간담회 자료, 2021. 1.

통 채널로서 기업공시의 필요성은 더욱 높아질 전망이다.

해외에서도 ESG 정보의 신뢰성을 높일 수 있는 표준이 등장해야 하는 상황이다. 이에 2020년 9월 GRI(글로벌 보고 이니셔티브), SASB(지속가능성 회계기준위원회), IIRC(국제통합보고위원회), CDSB(기후정보공개표준위원회), CDP(탄소정보공개프로젝트) 등의 기관에서 공통표준제정에 합의하였고, 2020년 말에 프로토 타입 보고서를 공개하였다.

02 사회적책임경영

기업의 사회적책임

기업의 사회에 대한 책임은 과거에 그리 중요하지 않았다. 단순히 고용효과를 통하여 사회에 환원한다는 것으로 만족하였다. 이러한 측면은 기업이 오직 주주와 직원들에 대해서만 책임을 지고 그 이외의 것에 대해서는 그리 큰 신경을 쓰지 않았다는 의미를 직·간접적으로 내포하고 있다. 그러나 이제는 기업의 사회적책임이 상당히 중요해졌다. 왜냐하면 이제 기업은 원하든 원하지 않든 사회에 영향을 끼치고 있기 때문이다.

한편, 기업은 당연히 홀로 독립적으로 존재하는 것이 아니라 사회에 속한 하나의 조직이므로 사회를 위해 존재하여야 한다. 따라서 사회에 속한 조직으로서 사회를 위해 공헌하여야 하며, 고객과 사회와 국가와 인류를 위해 존재하여야 한다. 사실 기업은 주주와 직원을 위해 존재하는 것이 아니고, 고객을 위해 존재하는 것이다. 병원이 의사와 간호사들을 위해서가 아니고 아픈 사람들을 위해 존재하며, 공공기관 공무원이 아닌 국민을 위해 존재하는 바와 같은 맥락이다.

1980년대 나이키(NIKE)는 아동 노동 문제로 NGO 비판에 직면하였는데 NGO는 이 문제로 전 세계적으로 나이키 제품에 대한 불매운동을 벌였다. 그 결과 1989-1990년 사이에 나이키주가는 급락하였다. 월마트(Wal Mart)도 저임금과 납품업체 단가 인하로 납품업체가 도산하고 지역 상인들이 도산하는 등 사회적인 문제가 되어 곤욕을 치렀다. 역시 사회에서는 월마트 불매운동을 벌였다. 이러한 사례는 기업이 사회적책임을 소홀히 했을 때 나타나는 결과이다. 더 나아가 기업은 사회에서 받은 것을 기부를 통해 사회에 환원하여야 한다. 이것이 기업의 사회적책임이다.

또한 기업은 기업의 사회적 목표와 경제적 목표를 일치시키도록 전략을 수립하도록 하여야 한다. 여기에 대해서는 Porter와 Kramer(2002)가 자신들의 "Harvard Business Review" 논문을 통해 이 점을 강조하였다. 또한 Porter 등이 2006년도 "Harvard Business Review" 논문에서 기업과 사회의 '상호연관성'을 강조하였다. 즉, 명분이 얼마나 가치가 있는지가 아니고, 공유가치(shared value) 창출에 역점을 두어야 한다고 언급한 것이다. 단순히 방어하는 CSR(Corporate social responsibility)에서 전략적 CSR로 전환하여야 한다고 주장하였다. 그래서 단순히 사회적가치만 추구하는 기부를 해서는 안 되고, 경제적 가치도 동시에 추구함으로써 사회와 주주에게 동시에 혜택이 가도록 하여야 한다고 말하였다.

마이크로소프트(Microsoft)는 미국 커뮤니티 대학들과 함께 WCP(working connections partnership) 프로그램을 시행하고 있다. 마이크로소프트는 커뮤니티 대학교의 1,160만 학생들에게 5년간 5천만 달러를 투자하여 IT 과목의 교과과정을 체계적으로 재편하는 등 교육지원을 하고 있다. 그리고 궁극적으로 기업과 사회의 통합으로 나아가야 한다고 하였다. 물론 기업의 일차적인 사회적책임은 수익을 올리는 것이다. 즉, 성과가 있어야 한다. 그래서 Drucker(2001)도 경영은 성과 달성에 책임을 져야 한다고 하였다.

나아가 기업은 환경에 대해 점차적으로 더 많은 책임을 져야 한다. 환경은 지역사회와 인류에 영향을 끼칠 뿐더러 시민들의 건강에도 큰 영향을 끼치며, 자연을 훼손하면 오랜 기간 동안 사람들에게 영향을 끼친다. 그러므로 기업은 공장과 사무실이 환경에 어떤 문제를 주는지 파악하고, 환경 오염을 감소하고 폐기하는 방법을 강구하여야 한다. ISO 14000이나 그린 구매는 환경에 대한 기업의 사회적 책임을 나타내는 제도이다.

3M은 전사적 차원의 오염을 관리하기 위하여 3P(Pollution, Prevention, Pays) 프로그램을 시작하였다. 스타벅스(Starbucks)는 1998년 이래 환경단체와 파트너십을 맺고, 커피 생산국과 농민들을 위한 기부금을 매년 주고 있다. 환경을 위한 스타벅스의 활동이 언론 매체를 통해 소개되면서, 스타벅스는 국제상공회의소와 유엔환경계획이 수여하는 세계지속가능발전 파트너십 상을 수상하였다.

그리고 이제는 사회적책임에 대한 목표를 구체적으로 수립하여야 한다. 과거처럼 추상적으로 "우리 회사는 앞으로 사회적책임을 강화하기로 하였습니다."라고 언급만 하는 행위는 적절하지 않다. 기업은 더 이상 기업의 전유물이 아니므로 기업은 사회의 한 구성원으로서 그 책임과 의무를 다하여야 한다. 따라서 기업은 기업의 목표와 전략에 사회적책임을 명시하는 것이 바람직하다.

사회공헌활동과 사회적책임경영

'기업은 무엇 때문에 사회적책임에 대해 관심을 가져야만 하는가?' 이 질문에 대한 대답은 기업마다 다를 수가 있으나, 기업이 실제로 사회적책임활동을 어떤 방식으로 하고 있는지 살펴보면 알 수 있다. 이에 대해 지금까지의 사례들을 살펴보면, 주로 기업이 중심이 되어 실천해 온 사회적책임활동은 크게 3단계로 나누어 볼 수 있다.

1단계는 사회적 요구 또는 사회적 분위기 때문에 하게 되는 단계로 불우이웃 돕기, 재난지원, 환경보호 등의 기부나 봉사활동과 같은 형태의 단순한 사회공헌활동이다. 이 경우는 사회에는 도움이 되지만 기업 입장에는 부담이 될 수 있다. 그러나 사회적인 요구나 분위기 때문에 재정상의 부담이 되어도 어쩔 수 없이 해야 한다고 여긴다.

2단계는 기업의 이미지나 브랜드 가치를 높이기 위해 기업이 자발적으로 하는 단계로 장학금지원, 금융지원, 지역개발, 재난구호 등 다양한 프로그램에 의해 보다 적극적으로 실시하는 전략적 사회공헌활동이다. 이는 기업이 이러한 활동을 수행할 때 기업의 이미지와 브랜드 가치가 자연스럽게 향상되고 마케팅에도 도움이 된다고 생각하는 경우이다. 그리고 실제로 어느 정도의 기업 이미지 향상과 매출 증가도 기대할 수 있다.

3단계는 기업의 가치창출과 성과향상을 위한 경영전략으로 실행하는 사회적책임경영활동 단계이다. 이 경우는 단순히 기업의 이미지 개선과 브랜드 가치 향상의 차원을 넘어서 기업의 전략과 시스템에 의한 활동으로 추진한다. 그 결과 지속적인 가치창출과 성과향상으로 이어져 기업과 사회 모두에게 크게 기여할 수 있다.

이 가운데 1단계와 2단계는 사회공헌활동 중심의 사회적책임활동이고, 3단계는 사회공헌과 기업의 경쟁력 강화를 동시에 추구하는 경영전략에 의한 상생의 사회적책임경영활동이라고 할 수 있다.

결론적으로 평가하자면 사회공헌활동 위주의 사회적책임활동은 사회에 도움이 되고, 전략에 따라 기업 이미지 개선이나 브랜드 가치 향상에도 도움이 될 수는 있다. 그러나 기업의 입장에서 보면 근본적으로 기업의 경쟁력 강화나 지속적인 성과향상으로 이어지기는 어렵다. 사회에도 도움이 되면서 근본적으로 기업의 가치창출과 성과향상 및 경쟁력 강화에 도움이 되는 사회적책임활동이 되려면 사회공헌활동 중심이 아닌 경영전략과 연계된 사회적책임경영활동을 해야 한다.

사회적책임은 단지 자선활동(philanthropic activity)이 아니다. 자선활동은 경영전략의 외적 활동으로 사회적책임활동을 보충할 수는 있

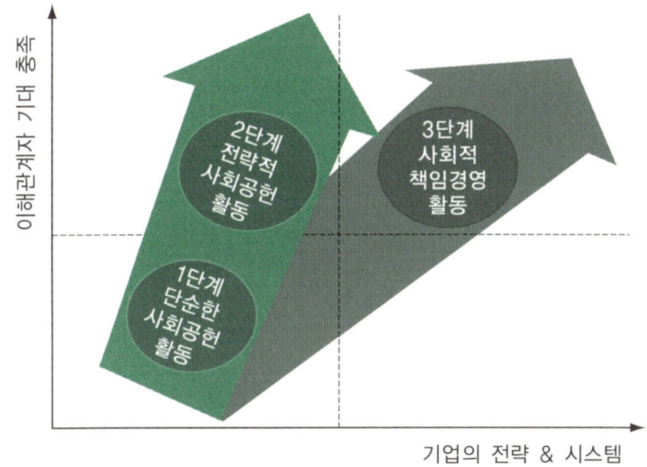

그림 2.5 기업의 사회적책임활동 단계

지만 그 자체로서 전략적인 사회적책임활동은 아니다. 사회적책임은 조직경영의 핵심전략으로 받아들여져서 기업 및 기업의 모든 활동에 통합되어야 한다.

사회에만 이익이 되는 사회공헌활동의 차원을 넘어서 사회와 기업 모두에 이익이 되는 윈윈(Win-Win)전략의 사회적책임활동을 수행하여야 한다. 기업의 입장에서 재정적 부담이 있지만 사회의 기대와 요구를 외면할 수 없어 어쩔 수 없이 사회공헌활동을 해야 한다는 것과 사회와 기업 모두에 도움이 되는 '사회적책임경영'을 한다는 것은 근본적으로 차이가 있다.

사회적책임 국제표준 ISO 26000

사회적책임을 경영활동과 연계하여 체계적으로 실행하기 위한 대표적인 국제적 지침은 ISO 26000이다. 국제표준화기구(ISO)는 2010년 사회적책임의 주체 및 지역을 확대하며 ISO 26000을 제정하였다. ISO가 이 지침을 만드는 데는 99개국 정부와 50여 개의 국제단체 및 150여 명의 전문가가 참여하였으며 준비 기간은 4년, 개발 기간은 무려 6년이나 걸렸다. 사회적책임에 대한 국제표준 ISO 26000의 구성과 특징, 사회적책임의 7대 원칙과 7대 핵심 주제의 내용에 관해 간략히 소개하겠다.

ISO 26000의 구성과 특징

사회적책임 국제표준인 ISO 26000은 조직의 지속가능발전과 사회적책임의 가이드라인으로 매우 중요한 의미가 있다. ISO 26000은 〈그림 2.6〉과 같이 모두 7개 장과 부속서 A, B로 구성되어 있다. 사회적책임에 관한 참고문헌으로 "신뢰하는 사회, 존경받는 조직의 사회적책임경영"(김재룡 등, 사회적책임경영품질원, 2016)을 참조하면 좋을 것이다.

제1장은 사회적책임 표준의 적용 범위에 관한 내용이고, 제2장은 용어의 정의를 규정하고 있다. 제3장은 사회적책임의 이해 부분으로, 사회적책임의 개념이 '무엇을 의미하고 어느 정도의 조직에 적용되는가'에 대한 내용이다. 제4장은 사회적책임의 7대 원칙(설명책임, 투명성, 윤리적 행동, 이해관계자의 이익 존중, 법률 존중, 국제행동규범 존

중, 인권 존중)을 소개하고 설명한다. 제5장은 사회적책임의 두 가지 실천 내용을 취급한다. 조직의 사회적책임 인식과 이해관계자의 식별 및 참여에 관한 내용이다.

제6장은 7대 핵심 주제 및 그것에 수반되는 이슈에 관해 설명한다. 각 중심 이슈의 범위, 사회적책임과의 관계, 관련되는 원칙 및 고려할 점, 관련되는 행동 및 기대사항에 관한 정보가 제공되어 있다. 제7장은 사회적책임을 조직 전반에 적용하기 위한 프로세스를 제공하고 있다. 조직의 사회적책임에 대한 연관성, 사회적책임 이해, 통합적용, 커뮤니케이션, 검토 및 지속적 개선, 신뢰 강화 등에 대한 지침을 제공한다. 부속서 A는 사회적책임에 관한 자주적인 이니셔티브

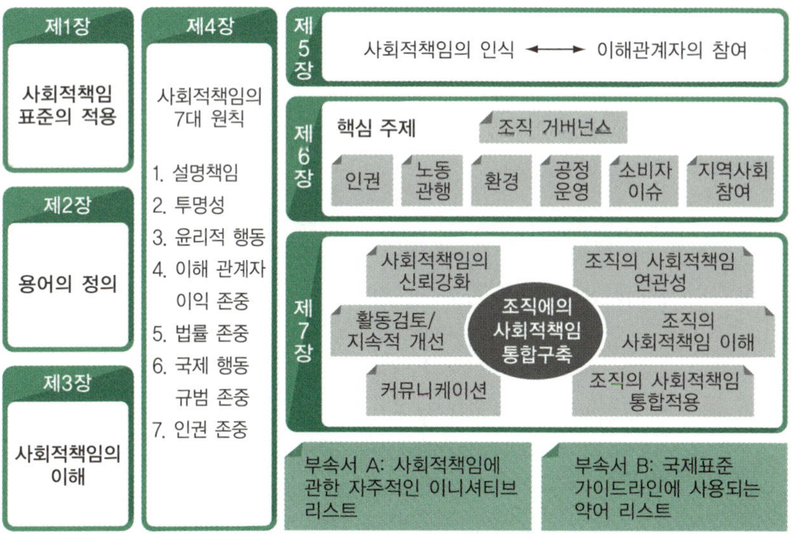

그림 2.6 사회적책임 국제표준 ISO 26000의 구성

의 리스트를 제시하고, 부속서 B는 국제표준 가이드라인에서 사용되는 약어 리스트를 제시한다.

사회적책임의 7대 원칙

사회적책임 7대 원칙에 대하여 간단히 설명하면 다음과 같다.

① 설명책임(accountability)

설명책임의 원칙은 조직의 의사결정과 활동에 영향을 받는 것들뿐만 아니라 사회 전반에 대해서도 책임을 져야 한다는 것을 의미한다. 설명책임의 의무를 지는 것은 조직과 사회 모두에 긍정적인 영향을 미칠 수 있다.

② 투명성(transparency)

투명성 원칙은 사회와 환경에 영향을 미치는 조직의 의사결정 및 활동이 투명해야 함을 의미한다. 조직은 사회와 환경에 미치는 영향을 포함하여 조직의 책임하에 수행된 의사결정과 활동을 명백, 정확, 합리적인 방식으로 공개해야 한다.

③ 윤리적 행동(ethical behaviour)

윤리적 행동 원칙은 조직이 항상 윤리적으로 행동해야 함을 의미한다. 조직의 행동은 정직, 평등, 성실함에 대한 윤리를 기반으로 해야 한다. 이러한 윤리는 인간, 동물, 환경에 대해 고려하고 이해관계자의 이익을 위해 노력해야 함을 의미한다.

④ 이해관계자의 이익 존중(respect for stakeholder interests)

이해관계자의 이익 존중 원칙은 조직이 이해관계자의 이익을 존중하고 고려하며 대응해야 함을 의미한다. 조직의 목표로 소유주, 회원 또는 구성원의 이익이 제한되더라도, 다른 개인이나 집단은 권리, 요구 또는 고려해야 하는 특정 이익을 갖는다. 전체적으로 이러한 개인이나 집단이 조직의 이해관계자로 구성된다.

⑤ 법률 존중(respect for the rule of law)

법률 존중의 원칙은 조직이 법률 존중을 강제적인 것으로 받아들이는 것을 의미한다. 법률 존중은 법의 우월성을 말하며, 특히 법률 위에는 개개인이나 조직이 없고 정부 또한 법률을 따라야 한다는 것을 의미한다. 법률은 권력의 독단적인 실행과는 대조된다. 일반적으로 법이란 서면으로 되어 있고, 공개되어 있으며, 제정 절차에 따라 공정하게 시행되는 것을 의미한다.

⑥ 국제행동규범의 존중(respect for international norms of behavior)

국제행동규범의 존중 원칙은 조직이 법률 존중의 원칙을 따르면서 국제행동규범을 존중해야 함을 의미한다. 국내법 또는 국내법의 시행이 최소한의 환경적, 사회적 보호 수단을 보장하지 않는 국가에서, 조직은 국제행동규범을 존중하도록 노력해야 한다.

⑦ 인권 존중(respect for human rights)

인권 존중 원칙은 조직이 인권을 존중하고 인권의 중요성 및 보편성을 인지해야 함을 의미한다. 세계인권선언에 제시된 권리를 존중해야 하며 이러한 권리는 보편적이라는 사실, 즉 모든 국가와 문화 및 상황에 적용 가능하다는 점을 받아들여야 한다.

사회적책임의 7대 핵심 주제

ISO 26000은 일곱 가지 핵심 분야에서 기업뿐만 아니라 국가기관, NGO 등 모든 조직에 적용할 수 있도록 개발된 국제기준이다. 7대 핵심 주제와 37개 이슈에 관한 내용은 〈그림 2.7〉과 같다. 7대 핵심 주제는 '조직 거버넌스, 인권, 노동 관행, 환경, 공정운영 관행, 소비자 이슈, 지역사회 참여 및 발전'으로 세계지속가능발전협의회의 4가지 지속가능발전 개념, GRI의 지속가능성 보고서 권장 사항, 글로벌 콤팩트의 10대 원칙 등을 모두 포괄하고 있다. 7대 핵심 주제의 내용은 다음과 같다.

① 조직 거버넌스(organizational governance)

모든 조직은 의사결정 과정과 구조를 가진다. 조직의 지배구조, 즉 조직 거버넌스는 조직의 의사결정을 위한 프레임(framework)으로서 모든 조직의 핵심 기능이다. 모든 조직은 사회적책임의 7대 원칙과 실행을 적용이 가능하도록 절차와 체계 및 구조를 갖추어야 한다.

조직의 조직 활동과 관련하여 의사결정을 할 때는 이해관계자에게

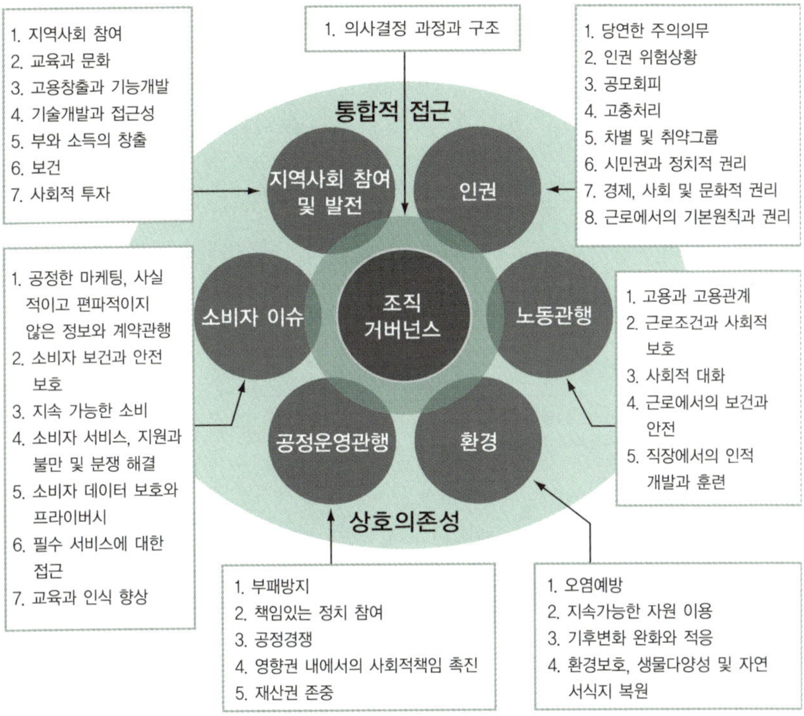

그림 2.7 ISO 26000 7대 핵심 주제와 37개 이슈

미칠 수 있는 영향을 우선 고려해야 하며, 조직은 의사결정 과정을 통해 체계적으로 사회적책임 관련 핵심 주제에 대하여 영향력을 관리해야 한다. 또한 영향권에 속하는 조직의 영향력을 감시하여 사회 및 환경피해 위험은 최소화하고 기회와 긍정적 영향은 극대화해야 한다.

② 인권(human rights)

국제규범에서 제시하는 기본적인 인권, 표현의 자유 존중, 혼인 및 가정을 이룰 권리 보장, 정치활동의 자유 보장, 필수 자원의 접근 보장 등 기본적인 인권이 존중되어야 한다는 주제이다. 인권에는 8개의 이슈가 있다. 첫 번째의 '당연한 주의의무(due diligence)'는 조직 활동에서 실질적으로 발생 가능한 사회적 또는 환경적 위험을 최소화하는 의무를 다루는 것이다. 여덟 번째 '근로에서의 기본 원칙과 권리'는 국제노동기구(ILO; International Labour Organization)에서 제시한 근로의 기본권을 확인하는 것이다. 여기에는 결사의 자유, 아동 노동 금지, 고용 및 직장 내 차별 금지 등이 포함되어 있다.

③ 노동 관행(labour practices)

국제규범에서 제시하는 노동관행 준수, 불법 노동관행에 의한 혜택 금지, 노조대표의 작업장, 노동자 조직정보 접근 보장, 스트레스 위험성 인식 등 고용관계와 사회적 보호, 직장보건·안전 등이 제대로 보장되는지에 대한 주제이다. 여기에는 5개의 이슈가 있다. 이 중에서 첫 번째의 '고용과 고용관계'는 조직과 사회의 이익이라는 관점에서 고용주와 피고용자 모두에게 권리를 부여하는 동시에 의무를 부과한다. 다섯 번째 '직장에서의 인적 개발과 훈련'은 개인의 역량 및 업무 능력 확대를 통하여 개인과 조직이 동시에 혜택을 받을 수 있는 측면에서 접근하도록 명시하고 있다.

④ 환경(the environment)

환경은 폐기물 감소, 독성화학물 사용 공개, 재생자원 활용 방안

마련, 온실가스 대책, 멸종 위기종 보호 등 오염방지 및 효율적인 자원 사용 등 지속가능한 자원 사용과 친환경적인 조직 활동이 이루어지고 있는지에 대한 주제이다. 여기에는 4개의 이슈가 있는데 '오염 예방, 지속가능한 자원 이용, 기후변화 완화와 적응' 등이 있다. 이 중에서 특히 국제적으로 관심의 대상이 되는 이슈는 '기후변화 완화와 적응'으로, 조직은 직·간접적으로 온실가스 배출에 책임이 있으며, 온실가스 배출의 최소화와 변화하는 기후에 적응해야 하는 두 가지 측면에서 대응해야 함을 명시하고 있다.

⑤ 공정운영 관행(fair operating practices)

공정운영 관행은 조직과 조직의 영향력이 미치는 범위 내에 부패·뇌물·갈취 행위 저지, 보복 없는 고발제도 마련, 투명한 로비, 윤리·환경·평등에 관한 기준이 구매·분배·계약 정책에 얼마나 고려되는지에 대한 주제이다. 여기에는 5개의 이슈가 있으며 '부패방지, 책임 있는 정치참여, 공정경쟁, 영향권 내에서의 사회적책임 촉진, 재산권 존중' 등이 있다.

⑥ 소비자 이슈(consumer issues)

소비자 이슈는 위조 및 표절 금지, 상품가격의 구성 정보 제공, 리콜, 지속가능한 소비 지향, 합리적인 유지·보수 서비스 제공, 소비자 정보 보호, 적절한 소비자 교육 등 소비자들의 권익 보호에 대한 주제이다. 여기에는 모두 7개의 이슈가 있으며, 특히 '소비자 보건과 안전 보호, 지속가능한 소비, 소비자 데이터 보호와 프라이버시' 등에 주목할 필요가 있다.

⑦ 지역사회 참여 및 발전(community involvement and development)

지역사회 참여 및 발전은 지역사회를 포함한 조직의 영향권 내에 있는 공동체 활동에 얼마나 참여하고 고용 창출, 기술개발 등 공동체 발전을 위한 투자 활동을 수행하는지에 대한 주제이다. 여기에는 모두 7개의 이슈가 있으며 '지역사회 참여, 교육과 문화, 고용 창출과 기능 개발' 등이 있다.

사회적책임경영의 시스템적 접근

그렇다면 지금까지 강조해온 사회적책임경영을 어떻게 실행할 수 있는가? 그 해답은 한마디로 각 분야의 조직들이 좋은 사회적책임경영 시스템(SRMS: Social Responsibility Management System)을 갖추는 것이라고 말할 수 있다. 그리고 이를 위해서는 시스템적 접근방법(System Approach)을 활용해야 한다.

왜냐하면 조직의 시스템은 마치 도로, 철도, 항만 등의 사회기반시설(SOC; Social Overhead Capital)과 같은 경영 인프라로서 좋은 시스템을 갖추면 그만큼 기업경영의 효율성과 효과성을 높이고 동시에 신뢰성과 안전성도 확보할 수 있기 때문이다.

그리고 각 업무 시스템이 잘 되어 있으면 모든 업무를 PDCA(Plan-Do-Check-Action) 관점에서 체계적으로 수행할 수 있어, 문제가 발생할 때도 그 원인을 찾아내어 개선하기 쉽고 재발 방지와 지속적인 성과향상을 기대할 수 있게 된다. 시스템이 없는 조직은 생명이 없는 조직이라고 말할 만큼 조직경영에 있어서 좋은 시스템을 갖춘다는 것은 매우 중요한 일이다.

시스템의 중요성은 국가적인 차원에서도 마찬가지이다. 우리나라는 그동안 건물과 교량 붕괴사고, 화재와 가스폭발 사고, 금융 비리, 방산 비리, 세월호 사고, 메르스 사태 등과 같은 나라 전체를 충격에 빠트린 대형 사건사고가 수없이 발생하였다. 그때마다 많은 대책이 쏟아졌지만, 얼마 지나지 않아 비슷한 사고가 다시 발생하기를 반복해 왔다. 모든 문제의 발생은 사회 각 분야의 책임의식 결여와 시스템이 취약한 데 기인하므로 그 원인을 찾아내어 근본적으로 해결해 나가야 한다.

사회 각 분야에 대한 책임의식이 강하고 시스템이 잘 되어 있는 사회가 선진사회이다. 마찬가지로 조직구성원들의 책임의식이 강하고 시스템이 잘 되어 있는 조직이 좋은 조직이다. 따라서 모든 조직은 구성원의 사회적책임 의식을 강화하고 좋은 시스템을 만드는 데 최선의 노력을 기울여야 한다. 좋은 시스템을 만들기 위해 반드시 유념해야 할 것은 공정성과 신뢰도가 높고 국제적으로 충분히 검증된 방법을 기준으로 삼아야 한다는 점이다.

사회적책임 실행 프로세스

ISO 26000 지침 제7장의 사회적책임 실행 프로세스는 〈그림 2.8〉과 같이 7단계의 PDCA 사이클로 이루어져 있다.

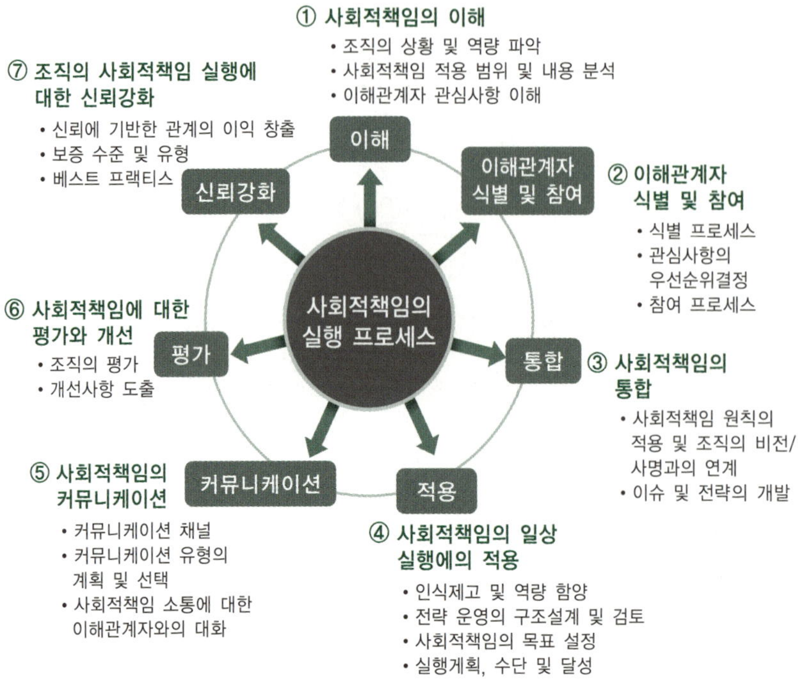

그림 2.8 사회적책임 실행 프로세스

1단계 사회적책임의 이해

조직이 사회적책임을 실행하려면 먼저 조직의 경영상황과 미래상 및 역량을 파악하여야 한다. 파악된 조직상(profile) 및 역량에 맞추어 적용할 사회적책임의 범위 및 내용을 분석하고 이해관계자의 관심사항에 대해 이해하여야 한다.

2단계 이해관계자 식별 및 참여

조직의 이해관계자를 식별하는 프로세스를 수립하고 이해관계자의 관심사항을 파악하여 중대성 평가를 통한 우선순위를 결정해야 한다. 이해관계자가 식별되면 이해관계자가 조직의 의사결정과 정보와 커뮤니케이션에 참여할 수 있는 참여 채널과 프로세스가 구축되어야 한다.

3단계 사회적책임의 통합

사회적책임의 조직에의 통합은 조직 전반에 대한 통합적 접근과 사회적책임 핵심 주제의 상호의존적인 방식으로 이루어져야 한다. 조직의 사명 및 비전과 사회적책임의 원칙 및 핵심 주제가 통합 및 연계되어야 하고 사회적책임의 요구 및 기대사항이 적용될 수 있는 이슈와 전략이 개발되어야 한다.

4단계 사회적책임의 일상 실행에의 적용

사회적책임을 경영의 일상적인 실행에 적용하기 위해서는 조직구성원의 인식을 제고하고 조직의 실행역량을 함양하여야 한다. 전략을 운영할 수 있는 조직구조를 만들고 지속적으로 운영상황을 검토하여야 한다. 사회적책임의 달성목표를 설정하고 그 실행계획 및 실행수단을 확보해야 한다.

5단계 사회적책임의 커뮤니케이션

사회적책임에 대한 커뮤니케이션 유형과 채널을 구축하고 사회적책임 전반에 대하여 이해관계자와 대화를 하여야 한다.

6단계 사회적책임에 대한 평가 및 개선

조직의 사회적책임 실행 및 성과에 대하여 평가하고 개선사항을 도출하여 지속적으로 개선해 나가는 프로세스가 있어야 한다.

7단계 조직의 사회적책임 실행에 대한 신뢰 강화

조직의 사회적책임 실행은 이해관계자로부터 신뢰를 확보하고 더욱 강화하여 나가야 한다. 사회적책임경영의 실행은 신뢰에 기반한 이해관계자와의 관계로부터 이익을 창출할 수 있어야 하고, 조직의 사회적책임을 보증하는 수준을 정하여 공표하고 모범적인 사례를 발굴하여 공유해 나가야 한다.

03 환경경영과 기후변화 대응

기후변화문제의 대두

코로나와 함께 전 세계적으로 뜨거운 이슈 중 하나가 바로 환경 문제이다. 코로나로 인한 펜데믹의 지속화는 사회 저변에서 일회용기 사용을 증폭시키고 있다. 또한 북아메리카, 유럽 등지에서 나타나고 있는 이상기후의 징후들은 이러한 환경과 기후변화에 관심을 집중시키고 있다. 인문·사회 분야의 도서출판 현상을 보더라도 최근 환경 특히 기후변화와 관련한 서적 출간이 증가한 점도 이러한 현상을 대변해주고 있다. 2020년, 그린피스(Greenpeace)가 발간한 "기후변화의 경고–폭염과 건강피해"는 그 심각성을 가감 없이 전달해주고 있으며, 미래사회의 대응전략으로 실천방안을 제시해주고 있다.

기후변화는 이제 '기후위기'라고 일컬어지며, 시민의 건강과 생명에 직접적인 피해를 주고 있다. 기후변화라는 시대의 과제는 단순히 개인의 노력으로만 막을 수 없다. 폭염은 기후변화와 관련하여 매우 광범위하게 논의되는 주제 중 하나로서, 기후변화가 보건에 어떤 영향을 미치는지 규명하는 데 강조점을 두어왔다. 그러나 폭염이 인간의 건강에 미치는 영향은 여전히 간과되거나 과소평가되는 경향이 있다. 한국을 뜨겁게 달구는 폭염의 정도와 그에 따른 위험은 갈수록 커지리라고 예상된다. 2001~2010년 기간에 한국에서 폭염 위험이 '높음'으로 분류된 지역은 69곳이었으나, 2021~2030년에는 126곳으로 늘어날 것으로 보인다. 따라서 한국 역시 평균 지구 온도 상승 1.5도 이하라는, 전 지구적인 목표 달성[1]을 위해 책임감을 느끼고 시급히 행동에 나서야 한다. 기존의 화석연료에 의존한 산업, 경제, 사회 구조를 재생에너지를 기반으로 한 시스템에 초점을 둔 지속가능한 구조로 전환하고, 그린뉴딜 정책 이행, 해외 석탄 투자 계획의 철회, 내연기관 자동차의 단계적 폐기 등 시급하고 실질적인 해결책을 실행해야 한다. 그렇게 하여야만 기후변화를 이겨내고 현재 시민과 미래 세대의 건강을 지킬 수 있을 것이다.

그린피스가 지속해서 경고하고 있듯이 기후변화가 자연생태계는 물론 인간 생활에도 악영향을 미치고 있음은 부정할 수 없는 사실이다. 전문가들은 기후변화의 문제는 향후 코로나보다 더 심각한 문제를 야기하리라 예고하고 있다. 2020년 '세계 위험 보고서'에서도 세계를 위협하는 요인 1위로 '기상 이변'이 선정되었다. 다음으로 기후

1 파리협약에서는 지구온도의 평균상승폭을 산업화이전과 비교하여 2도보다 훨씬 작게 제한하며, 나아가 1.5도까지 제한하는 데 노력하는 것을 목표로 삼고 있다.

변화 대응실패, 자연재해, 생물 다양성 손실, 인간 유발 환경재난 등 환경 관련 문제가 꼽히고 있음도 이러한 상황에 대한 반증이다. 이 시점에서 우리가 보다 주목해야 할 기후변화의 원인은 자연적인 원인보다 인위적인 요인이다. 이는 산업화 이후 인류가 지난 3만 년 동안 땅속에 매립되어 있던 석탄층을 지속적으로 사용하면서부터 기후를 인위적으로 변화시키고 있기 때문이다. 가장 큰 인위적인 기후변화 원인은 바로 이산화탄소에 의한 온실가스 농도증가와 에어로졸 농도변화, 개발에 따른 자연산림의 훼손 등으로 볼 수 있다.

심지어 기후변화는 인권문제와 불평등문제로까지 영향을 미치는 것으로 나타났다. 기후변화가 인간의 생명권, 건강권, 주거권, 물과 위생에 대한 권리 등에 미치는 영향 범위는 광범위하다. 이렇듯 기후변화는 현재와 미래의 인류 모두에게 해를 끼칠 것이다. 하지만 이 피해는 특정 집단에 더 큰 영향을 줄 가능성이 크다. 농·수산업에 종사하는 사람들은 물론 소외계층, 취약계층에게 기후변화는 더 큰 피해로 다가올 것이다. 그야말로 기후변화는 지역적으로는 해발고도가 낮고 규모가 작은 섬 국가들과 개발도상국에, 인종과 계급에서는 오염된 공기를 마실 수밖에 없는 저소득층 사람들에게, 성별로는 빈곤한 여성과 소녀들에게, 세대 측면에서는 성인보다는 아동들에게 더 악영향을 끼칠 가능성이 크다.

이미 지구온난화의 문제는 각국의 현실과제로 다가오고 있다. 지구의 온도가 1도 상승하면 고산우림지대의 산림은 반으로 줄고, 북극의 얼음은 통제가 불가능한 수준으로 녹기 시작한다. 서식지가 줄

어들어 희귀동물이 사라지므로, 생물 다양성의 위기로까지 연결되는 것은 시간문제일 뿐이다. 2도 상승 시에는 산호초 성분의 해양생물은 멸종에 이른다고 한다. 3도 상승 시에는 사바나 지대가 사막화되고, 4도 상승 시에는 세계전역의 해안이 침수되기 시작하여 대재앙이 일어나게 될 것으로 예측된다. 〈표 2.3〉에서 기후변화가 지구에 미치는 영향을 보다 구체적으로 살펴보고 있다.

표 2.3 기후변화가 지구환경에 미치는 영향

구분	영향
기온, 기상	• 지난 100년 동안 지구평균기온은 0.74℃ 상승, 1990년대는 관측사상 가장 온난했던 10년, 2010년은 2005년과 더불어 가장 더운 해로 기록 • 기온이 30℃ 이상인 혹서일수가 1991년 33일에서 2000년 53일로 증가(우리나라) • 집중적인 강우현상, 폭설 등 기상이변 증가, 한파, 서리일수는 감소, 열파 발생빈도 증가, 태풍·허리케인 강도는 증가 • 2013년 8월 한국 등 이상고온현상 지속
빙하, 강우, 홍수	• 1850~1980년대 알프스산맥의 빙하면적은 약 3분의 1, 부피는 절반이 줄었으며 2003년도 폭염으로 인해 알프스 빙하가 10% 감소 • 강우형태 변화로 북반구는 습해지고 남반구는 건조해짐 • 1975~2001년까지 유럽에서 218번의 홍수가 발생한 것으로 기록됨, 연간 홍수 발생 수는 뚜렷하게 증가 • 남극의 전례 없는 얼음 감소, 남극 서부 빙상에서 얼음 감소의 규모는 1996년과 2006년 사이에 60%나 커진 것으로 추산(유엔환경계획, 2009) • 2010년 호주·파키스탄(홍수), 러시아(폭염), 서유럽·북미(폭설)·2011년 미국 미시시피강, 중국 중남부, 태국(홍수), 필리핀(태풍)

해양	• 1961년부터 2003년 사이에 해수면이 연평균 1.3 mm씩 상승하여 총 7.7 cm 상승, 1993년에서 2003년 사이는 연평균 3.1 mm 상승하여 상승폭 증가 • 해수면 상승으로 해안지역 침식, 방글라데시는 지난 30년간 3 m 상승하여 영토의 많은 부분이 침수되었음 • 동물성 플랑크톤이 최대 1,000 km 북상함 • 산호지역의 백화현상과 근해의 적조발생 증가(한국)
생물 다양성, 새의 생존	• 지난 36년 동안(1970~2006) 지구상에 서식하는 생물종의 31%(열대지역 59%, 청정해역 41%)가 멸종됨(유엔생물다양성협약 3차 보고서, 2010) • 아마존 정글 30% 감소가 기후변화의 직접적인 원인(유엔생물다양성협약 3차 보고서, 2010) • 향후 세계적으로 다수의 종이 멸종할 것이라고 전망, 열대성 종이 북상하는 등 종 분포가 상당히 영향받음 • 겨울을 나는 다양한 조류 종의 생존율은 지난 수십 년간 상승하였음 • 가뭄과 고온으로 산림 병해충 피해지역 확대
식물 생장 시기, 작물 수확량	• 생육가능 최저온도 대상지역 확대로 주요 작물 주산지 및 작물별 생산성 변화 – 경작면적 북쪽으로 확장 • 기후변화는 작물의 수확량에 큰 영향을 주지 않음. 주로 생산기술 발전으로 수확량이 증가 • 아열대 병해충 영향지역 확대 및 가축 전염병 발생 증대 · 기후변화에 따라 국제곡물 수급구조 불안 및 곡물가 지속 상승 쌀 787%, 콩 557%, 밀 307%, 옥수수 232% 상승(2000년 대비 2008년 8월 기준)

출처: 고문현, "기후변화와 환경의 미래", 제21차 KIPA 공공리더십세미나 자료집, 2020, p.13

기후변화에 따른 피해는 우리나라도 예외일 수가 없다. 2020년 환경부가 발간한 "한국기후평가보고서 2020"에서 언급하고 있는 내용을 참고하면 그 심각성을 자세히 인지할 수 있다. 본 보고서에서는 기후변화에 대한 영향범주를 수자원, 생태계, 산림, 농업, 해양수산,

표 2.4 기후변화에 따른 산업 및 에너지 부문(한국)

구분	내용
관측된 영향	에너지 다소비형 경제구조인 우리나라는 재난이 일어났을 때 재산상 피해가 심각해질 수 있으므로 산업 부문의 기후변화 취약성을 진단하기 위한 평가방법의 고도화가 이루어지고 있다(중간적 동의).
영향 전망	에너지 부문은 크게 폭염 및 한파에 따른 에너지 사용 증가와 관련된 연구와 풍력발전에 대한 기후변화 영향, 대형재난에 따른 송·배전 인프라 파괴 등의 리스크 요소에 대한 연구가 주로 이루어졌다(견고한 동의).
취약성 주요 원인	기후변화는 산업 성장을 저해하는 위험요인으로 작용할 수 있으며, 다양한 위험 유형 중에서도 국제협약 및 정책에 의한 '규제적 위험'과 기업의 행위에 대한 소비자의 평가가 기업의 신뢰도와 브랜드 가치에 영향을 주는 '평판에 의한 위험'이 상대적으로 큰 것으로 나타났다. 그 외에도 기후변화로 인한 '물리적 위험' 및 '소송에 따른 위험'이 존재하는 것으로 나타났다(견고한 동의).
적응 옵션	중앙정부 차원에서는 기후변화 영향과 개연성이 있는 기관 중 공공시설물을 관리·보유하며 기후변화 발생 시 영향이 클 것으로 예측되는 공공기관 및 지방공기업에 기후변화 적응대책 수립을 적극 유도하였다. 민간기업의 경우 고효율 설비의 도입이나 에너지 절약시설 투자지원 등을 통해 단기적인 계획들이 수립되고 있다(중간적 동의).

출처: 환경부, "한국기후변화평가보고서 2020", '기후변화영향과 적응', 2020, p.222-224 내용 인용.

산업 및 에너지, 보건, 인간 정주공간 및 복지 등으로 나누어 영향 전망과 취약성 원인, 적응 옵션을 서술하고 있다. 그중에서도 ESG와 연관성이 높은 산업 및 에너지 부문의 내용을 요약하면 〈표 2.4〉와 같다.

국제사회에서도 기후변화의 심각성을 주지하고 다각적으로 대응에 노력하고 있다. 1988년 이후 기후변화의 심각성이 전 지구적 문제로 인식이 확산되었는데 1990년, 유엔총회에서 기후변화에 관한 기본협약을 위한 '국가협상위원회'를 설립하였다. 1992년에는 UNCED(환경개발회의)에서 유엔기후변화 협약에 210여 개 국가가 합의하였다. 이후 1997년에 기후변화 협약의 구체적 이행을 위해 선진국의 온실가스 감축의무를 규정한 교토의정서가 채택되었다. 그리고 2015년에는 기존 선진국 중심(교토의정서)에서 지구촌 모든 국가가 참여하도록 하는 보편적 기후변화체제를 제안한 신기후 체제의 기반이 되는 파리협정(Paris Agreement)이 채택되었다. 2020년, 세계경제포럼에서도 세계기후변화의 문제를 언급하고, 파리협정에서 제기한 목표 달성을 위해서 각국이 온실가스 감축활동에 더욱 노력하여야 함을 강조하였다.

온실가스 감축을 위한 각국의 노력

앞서 언급한 바와 같이 세계 각국은 2016년부터 자발적으로 온실가스 감축목표를 제출하였다. 모든 당사국은 2020년까지 지구의 평균 기온 상승을 2℃ 이하로 유지하고, 1.5℃ 이하를 달성하기 위해 장기 저탄소발전전략(LEDS)과 국가 온실가스 감축목표(NDC)를 제출하기로 합의하였다. 이미 유럽, 중국, 일본 등 주요국들이 '탄소중립' 목표를 선언하였다. 구체적으로 스웨덴(2017), 영국, 프랑스, 덴마크, 뉴질랜드(2019), 헝가리(2020) 등 6개국은 탄소중립을 법제화하였다. 각국의 노력성과를 〈그림 2.9〉를 토대로 추측해 보면 타 국가의 탄소배출량은 2016년도에 비하여 2018년에 대부분 감소한 것으로 나타났지만, 한국은 조금 증가한 것으로 조사되었다.

보다 구체적으로 온실가스 감축을 위한 국가별 노력 사항을 살펴

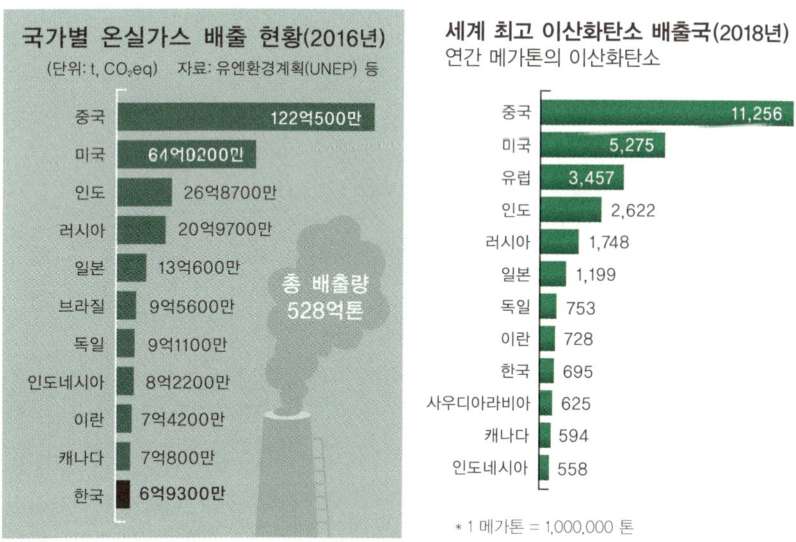

그림 2.9 탄소배출량 국가순위(2016 vs 2018)

보면 다음과 같다. 미국 오바마 행정부는 탄소배출의 사회적 비용(social cost of carbon)을 분석하기 위해 11개의 연방정부기관이 참여하는 범정부적 워킹그룹을 출범시킨 바가 있다. 미국 바이든 행정부는 선거공약 사항으로 재생에너지 확대 및 에너지 효율 개선을 강조한 오바마 정부의 정책 계승을 약속하며 그린뉴딜 정책을 발표하고, 탄소세 및 탄소국경세 시행 등을 예고하고 있다. 또한 바이든 행정부는 2021년 1월 20일 파리기후협정에 복귀한 동시에, '청정에너지·인프라계획' 추진을 통해 2050년까지 탄소배출 '넷제로(net-zero)'를 달성할 계획을 갖고 있다.

EU 집행위원회(European Commission)는 2019년 12월 발표한 유럽 그린딜(European Green Deal)을 통해 '2050년까지 탄소중립' 목표(2030년까지 탄소배출을 1990년 수준대비 최소 55% 감축하는 것)를 제시하고 있다. 또한 2050년 탄소중립 목표를 달성하기 위해 유럽 그린딜은 청정에너지, 순환경제, 에너지 효율적 건축, 지속가능한 수송 등의 분야에서 정책 패키지와 실행 로드맵을 제안하고 있다. 탄소중립달성을 위한 구체적인 실행계획은 '2030 기후목표계획'에 제시하고 있다. EU 회원국별 탄소 감축 목표시한 및 진행수준이 다르며 '유럽 기후법'이 채택된 이후 회원국에서 새로운 감축목표를 제시할 예정이다.

일본 정부는 2050년까지 온실가스 배출량 80% 저감을 목표로 하는 '파리협정에 근거한 성장전략으로서의 장기전략(2050년 장기 저탄소발전전략)'을 2019년에 발표하였다. 일본 정부는 목표 달성을 위해 에너지, 산업, 수송, 지역·삶 등 총 4개 부문에서의 배출 저감 대책과 정부 차원의 횡단정책을 제시하고 있다. 일본 경제산업성은 2050년 탄소중립을 실현하기 위해 중점적으로 육성할 14개 산업 분야와 이를 뒷받침할 정책수단이 포함된 '2050년 탄소중립에 따른 그린 성장전략 실행계획'을 발표하였다.

캐나다는 온실가스 배출량이 1990년 수준과 비교하여 2002년, 20% 증가한 상황에서 감축 목표(6% 감축) 달성을 위해 국내적인 감축 조치와 함께 청정개발체제 및 공동이행제, 배출권거래제 활용을 추진 중이다. 호주는 2003년, 감축 목표(1990년 수준의 8% 증가)를 2% 가량 상회하고 있지만, 산림부문 배출량 감축 및 재생에너지 활용 등을 통해 교토의정서상 목표를 달성할 수 있을 것으로 예상하고 있다.

2020년 9월, 중국 정부는 2030년을 기점으로 탄소배출량을 감축하고, 2060년까지 탄소배출 중립을 달성할 것이라고 발표하여 정부 차원에서 처음으로 탄소중립에 대한 목표연도를 제시하였다. 중국 정부의 탄소중립 선언 이후 칭화대학교의 기후변화 및 지속가능발전 연구소에서 발표한 로드맵에 따르면, 2060년까지 탄소중립을 달성하기 위해서는 2020년 기준 온실가스 배출량을 90% 감축해야 한다고 밝히고 있다. 또한 중국은 2030년까지는 기존의 배출량을 줄이는 것 보다 추가적인 배출량을 줄이는 것이 우선하는 방향으로 전개할 계획이다.

기후변화 협약을 위한 교토의정서에서 언급되는 부속서 I 국가(Annex I)란 온실가스 의무감축 국가로서 유럽연합, 미국, 일본 등 선진국 38개국이다. 한국은 개발도상국에 해당하며 비부속서 국가

(Non-Annex)로 분류되었다. 인도, 브라질, 멕시코 등은 부속서 I 국가가 우선적으로 온실가스 감축의무를 이행하고 개도국에게 기술이전과 재정지원을 하기를 요구하는 한편, 국내적으로 에너지 효율화, 대체에너지 개발 등 온실가스 감축 조치를 추진 중이다. 스위스·투발루·아르헨티나 등은 자국 내 기후변화 현상으로 인해 부정적인 영향이 발생하고 있음을 보고하고, 국제적인 온실가스 감축 노력을 강화해야 한다는 입장을 밝혔다.

한국은 2018년 기준으로 재생에너지 발전 비중이 OECD 가입국 중 33위로 하위에서 2위에 위치하고 있으며, 석탄화력 발전 비중은 OECD 가입국 중 상위 4위에 위치하고 있다. 에너지 다소비로는 25개국 중 13위이며, 에너지 가격은 OECD 가입국 중 전기 가격으로는 5번째로 낮은 국가이다. 에너지 전환지수는 2019년 세계 48위로 OECD 국가 중 하위 5위에 해당된다. 이러한 부정적인 지표성적에 비추어볼 때, 정부는 온실가스 감축 잠재력 평가를 포함한 제도적 지원은 물론 기업 차원에서도 사업체별 온실가스 감축사업을 추진하는 등 보다 적극적으로 온실가스 감축을 위한 노력에 동참하여야 하는 것은 두말할 나위가 없다.

2050 탄소중립

2050 탄소중립이 국제적인 패러다임으로 형성되었고 각국은 '장기

저탄소발전전략(LEDS)'을 세운 후 이를 유엔에 제출해야 하므로 우리 정부에서도 해당 전략을 마련하였다. 탄소중립의 개념은 인간의 활동에 의한 온실가스 배출을 최대한 줄이고, 남은 온실가스는 흡수(산림 등), 제거해서 실질적인 배출량이 '0(Zero)'가 되는 개념이다. 즉 배출되는 탄소와 흡수되는 탄소량을 같게 하여 탄소 '순배출이 0'이 되게 하는 것으로, 탄소중립을 '넷-제로(Net-Zero)'라고도 부른다. 2050년으로 탄소중립을 설정한 이유는 IPCC(Intergovernmental Panel on Climate Change, 기후변화에 관한 정부 간 협의체)가 2100년까지 지구 평균온도의 상승폭을 1.5℃ 이내로 제한하기 위해서는 전 지구적으로 2030년까지 이산화탄소배출량을 2010년 대비 최소 45% 이상 감축하여야 하고, 2050년경에는 탄소중립(Net-zero)을 달성하여야 한다는 경로를 제시한 것을 채택하였기 때문이다.

결국 2050 탄소중립 전략의 최종 목표는 탄소중립과 경제성장, 국민 삶의 질 향상을 달성할 수 있는 기반을 구축하는 데 두고 있다. 앞으로 지구의 온도 상승을 1.5℃ 이내로 억제하기 위해서는 2050년까지 탄소 순배출량이 0이 되는 탄소중립사회로의 전환이 필요하다. 문제는 2019년 기준으로 국내경제의 제조업 비중은 28.4%로 EU(16.4%), 미국(11%) 보다 높으며, 철강, 석유화학 등의 주력산업이 탄소배출이 많은 업종이라는 데에 있다. 게다가 에너지원 구성 내용 중 특히 석탄발전 비중이 2019년 기준으로 40.4%로 미국(24%), 일본(32%), 독일(30%) 등 주요국보다 높아 2050 탄소중립에 대한 가중된 노력이 필요하다. 정부가 제시하고 있는 탄소중립체계는 〈그림

2.10〉과 같다.

한편, 기업현장에서는 탄소중립을 이행하는 추진 방향에 대해서는 우리 경제와 사회의 생존을 위해 동의하면서도 속도 조절과 정부의 탄소 감축 기술개발과 보급에 적극 지원을 요청하는 목소리도 높다. 실제 산업구조와 체질을 고탄소에서 저탄소로 바꾸고, 석탄에서 신재생에너지 중심으로 에너지전환에 따른 산업계의 부담과 단기적 경쟁력 약화, 일자리 감소 등에 대한 우려가 있다. 국외의 움직임도

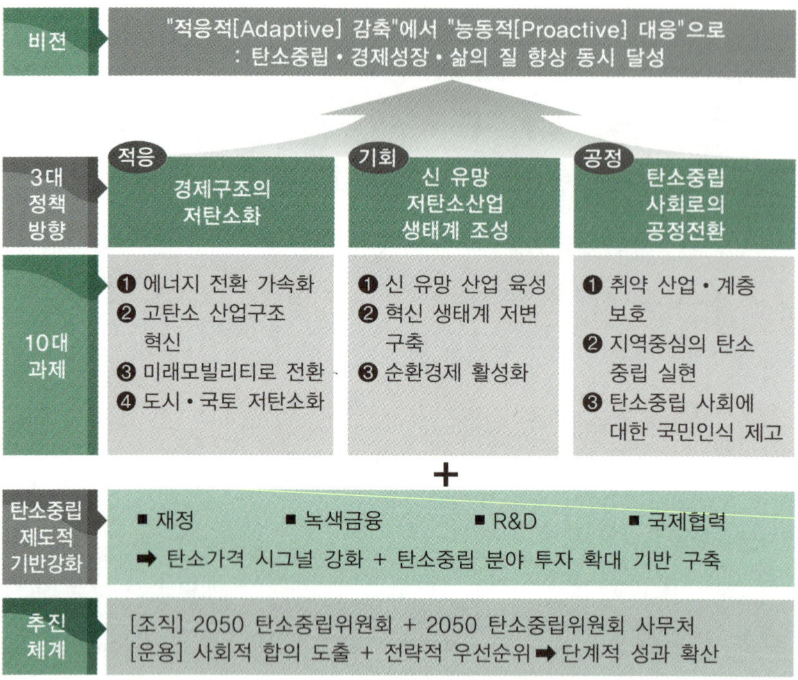

그림 2.10 탄소중립 추진체계

출처: 기획재정부, 탄소중립사회로의 전환을 위한 "2050 탄소중립전략" 발표자료, 2020.12.

2050 탄소중립의 이행을 압박하고 있다. EU와 미국은 탄소국경세 도입을 논의 중이고, 특히 EU는 자동차 배출규제 상향, 플라스틱세 신설 등을 추진하고 있다. 글로벌 기업과 금융사들은 납품대상 기업과 금융투자대상을 친환경 기업으로 제한하려는 움직임도 확산하고 있다. 결국 탄소중립은 수출주도형 경제로 성장해온 국내 산업구조 특성상 새로운 국제질서 대응을 위한 변화가 불가피한 상황이다. 게다가 재생에너지, 수소 및 2차 전지 시장 등 글로벌 친환경 시장의 급성장이 진행되고 있으며 더욱 확대될 것으로 보인다. 탄소중립 채택이 '선택이 아닌 필수'가 된 만큼 체계적인 실행이 필요하다.

RE100 캠페인

ESG 경영을 추구하는 기업들에 재생에너지의 중요성이 커짐에 따라 이제 친환경과 저탄소전환은 현안 과제가 되고 있다. 이런 흐름은 RE100 캠페인의 동참으로 연결된다. RE100 캠페인은 '재생에너지(Renewable Energy) 100%'의 약자로서, 2050년까지 기업이 사용하는 전력의 100%를 풍력, 수력, 태양광, 해양에너지 등 재생에너지 전력으로 충당하겠다는 목표의 국제캠페인이다. 100% 재생에너지 전력 사용을 약속한 영향력 있는 기업들이 한데 모여 기업의 재생에너지 수요와 공급을 크게 늘리기 위해 협력하는 글로벌 이니셔티브이기도 하다. 이미 2014년에 글로벌 시장에서는 RE100이 시작되었으며, 글로벌 기업으로 구글, 이케아, 나이키 등이 참여하고 있다. 애플은 자사 제품의 모든 부품공급사가 RE100을 이행하도록 서약을 받고 있으며, BMW는 자사의 전기차에 배터리를 납품하는 삼성SDI와 LG화학에게도 RE100을 요구하고 있다. 이러한 국제적인 흐름에 맞추어 한국에서도 기업들이 RE100 캠페인에 참여할 수 있도록 '한국형 RE100'이 본격 도입되었고, 다양한 저탄소 전환프로그램이 개발되었다.

한편, RE100을 달성하기 위해서는 다음 3가지 활동단계를 거쳐야 한다. 첫째, 기업의 RE100 달성에 대해 공표를 해야 한다. 기업이 미래의 일정 시점에 이르러 자신의 전력 사용량의 100%를 재생에너지로 달성하겠다고 하는 선언이 필요하다. 둘째, 공표한 계획대로 재

그림 2.11 RE100 참여 글로벌 기업
출처: RE100 홈페이지

생에너지를 조달해야 하는 단계이다. 물론 조달 방법은 기업의 상황에 맞게 다양한 방법을 구사할 수 있다. 셋째, 재생에너지를 조달한 실제 전력량이 목표대비 얼마를 달성했는가를 CDP(RE100의 공동주최사)에 보고하여 인증을 받아야 한다. 이러한 3단계 과정을 필수적으로 거친 기업만이 RE100 인증을 받아서 자사의 이해관계자, 특히 비즈니스 파트너(Business Partner)와 고객으로부터 인정받게 됨으로써 ESG 경영기업으로서의 위상을 정립하게 된다.

그러나 2020년까지는 한국형 RE100을 실천하는 데에는 한계점이 내재되어 있었다. 앞서 언급한 바와 같이 RE100을 선언한 기업은 재생에너지 사용계획과 이행방안을 투명하게 밝혀야 한다. 국내 기업들은 RE100 참여를 위해서는 재생에너지를 100% 발전하거나 구매 인증을 받아야 하는데 그간은 손쉽게 참여할 수가 없는 실정이었다. 그 이유는 우리나라는 재생에너지 전력을 선택적으로 구매하거나 신재생 발전사업자와 직접 전력거래계약을 맺는 것이 불가능하기 때문이다. 또한 신재생 공급인증서(REC)[2]도 신재생에너지 공급의무화제도(RPS)[3] 공급의무자만이 구매할 수 있다. 결국 재생에너지를 공급받을 방법이나 사용하더라도 인정받을 수 있는 제도가 마련되지 않은 셈이다. 이에 정부는 RE100 도입을 위한 세부규정을 확정하고, 기업

2 신재생에너지 공급인증서(REC): 신재생에너지를 통하여 에너지를 공급한 사실을 증명하는 인증서이다.

3 신재생에너지 공급의무화제도(RPS): 500 MW 이상의 발전설비를 보유한 발전사업자(공급의무자)에게 총발전량의 일정량 이상을 신재생에너지로 생산한 전력을 공급토록 의무화한 제도이다.

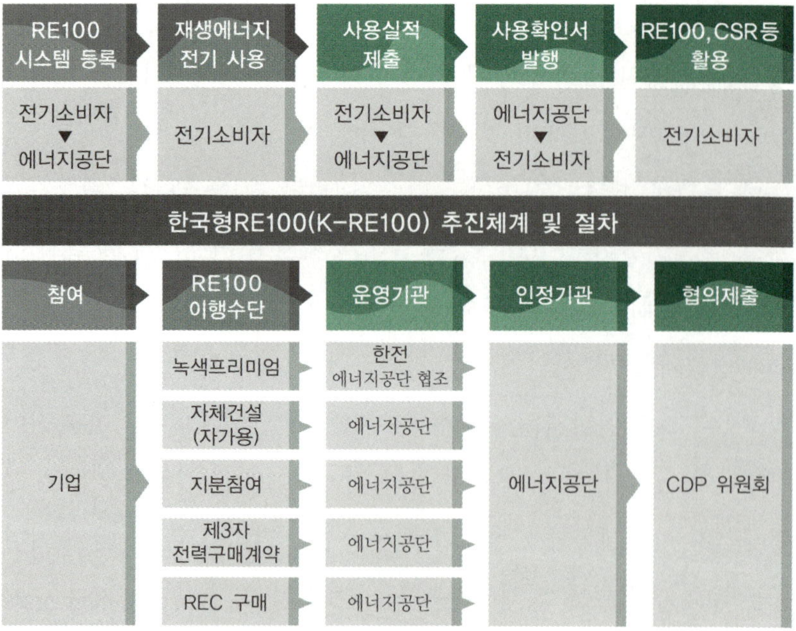

그림 2.12 한국형 RE100 추진체계 및 절차

출처: 한국에너지공단, 신·재생에너지센터 홈페이지

의 규모 제한을 없애고 공공기관 등으로의 참여 범위를 확대한 '한국형 RE100'을 2021년도에 시행하고 있다.

다음으로 한국형 RE100이 기존 글로벌 RE100과는 다른 특징을 살펴보면 다음과 같다. 첫째, 새롭게 시행되고 있는 한국형 RE100은 연간 전기사용량이 100 GWh 이상인 기업을 대상으로 참여를 권고하는 글로벌 RE100 캠페인과는 다르게, 전기사용량 수준과 무관하게 국내에서 재생에너지를 구매하고자 하는 산업용, 일반용 전기소비자가 에너지공단 등록을 거쳐 참여를 가능토록 하였다는 점이 가장 큰 특징이다. 기업의 규모와 조직의 형태(기업·기관·단체 등)와 무관하게 재생에너지를 사용하면 이를 인정받을 수 있다. 둘째, RE100 참여와 온실가스 감축실적이 연계되어 녹색 프리미엄제를 제외한 4가지 이행방안은 온실가스 감축을 인정받게 된다. 셋째, 기업은 실정에 맞는 이행방안을 선택할 수 있다. 이행방안은 크게 ① 녹색 프리미엄제 ② 신재생 공급인증서(REC) 구매 ③ 제3자 PPA ④ 지분투자 ⑤ 자가발전 등 5가지다.

표 2.5 한국형 RE100 이행수단

이행수단	개요
① 녹색 프리미엄제	· 한전이 구입한 재생에너지 전력(RPS, FIT)에 대해 녹색 프리미엄을 부과하여 일반 전기요금 대비 높은 가격으로 판매(한전, '20. 12월 1차 입찰) · 녹색 프리미엄 판매 재원은 에너지공단이 재생에너지에 재투자 예정
② 인증서(REC) 구매	· 전기소비자가 RPS 의무이행에 활용되지 않은 재생에너지 공급인증서 (REC)를 직접 구매 · RE100용 REC 거래 플랫폼 개설 예정(에너지공단, '21. 1월)
③ 제3자 PPA	· 한전을 중개로 재생에너지 발전사업자와 전기소비자간 전력거래계약(PPA) 체결 추진(한전, '21. 1월) · 발전사업자 ↔ 한전, 한전 ↔ 전기소비자 등 2개 계약 체결
④ 지분 투자	· 기업 등 전기소비자가 재생에너지 발전사업에 직접 투자
⑤ 자가 발전	· 기업 드 전기소비자가 자기 소유의 자가용 재생에너지 설비를 설치하고 생산된 전력을 직접 사용

출처: 산업통상자원부, RE100·재생에너지·태양광발전, 에너지세미나, 2021.

04 ESG 성과창출

ESG 성과창출을 위한 기반구축

이제 ESG를 토대로 기업발전을 추구하는 것은 기업경영의 대세이고 나아가 타 기업과의 경쟁력을 높이기 위하여 차별전략을 구상하여야 하는 시점에 이르렀다고 볼 수 있다. 그러나 이제까지 ESG를 추구함으로써 얻게 되는 긍정적인 성과에 대해서는 대부분 인정하고는 있지만, 어떠한 창출전략을 설정하는가에 대해서는 기업마다 입장의 차이가 큰 것이 사실이다. 여기서는 일반론적인 측면에서 ESG 성과창출전략에 대해서 기술하고자 한다.

재무중심의 구조와 CEO 중심의 의사결정체계에 익숙한 대부분 기업에 ESG 전략을 구축하고 성과를 창출하기 위해서는, 선제적으로 해결하여야 할 과제들을 정확하게 인지하고 이를 단계적으로 해결하는 것이 필요하다. 왜냐하면 ESG 전략은 기업구조와 조직문화, 그리고 다양한 이해관계자들의 니즈를 제대로 반영한 결정체로서 역할을 할 수 있을 때 비로소 구동되는 요소(Strategical Factor)이기 때문이다. 이러한 구동결정체로서 ESG 성과창출전략을 설정하기 위해 기반이 되는 키워드를 정리해 보면 〈그림 2.13〉과 같다.

첫째는 어느 조직에서나 새로운 것을 조직 내로 체화하기 위해서는 가장 중요한 일이 바로 올바른 목표를 설정하는 일이다. ESG의 추진목표를 설정하는 데도 조직구성원들이 ESG의 발전 방향에 대하여 인지하고 설정한 목표에 대한 당위성을 공유하게 하는 것은 당연하다. 재무적으로나 전략적으로 제시된 목표를 단순한 수치로 인식하는 경우에는 대부분 조직구성원들의 공유인지수준이 낮기 때문이다. 그들에게 공허한 메아리가 되지 않기 위해서도 단계적인 접근과 인식의 공유가 당연히 요청된다. 이러한 접근방식으로 목표 설정 시 반드시 조직구성원들에게 ESG 전략이 갖는 새로운 가치와 그 의미를 가능한 자주 설명해주어야 한다. 실제로 ESG 전략을 실행하고 성과를 창출해 내는 주체(주역) 역시 조직구성원들이다. 여기서 나아

그림 2.13 ESG 성과창출전략

가 회사 경영진과 이사회가 장기적 가치창출에 투자를 집중할 수 있도록 조직을 독려하는 것이 필요하다. 기업들이 이윤 극대화를 위해 근시안적 재무관점에서 벗어나 장기적으로 진정한 경제적 가치를 창출할 수 있도록 이끄는 것도 역시 그들의 역할이라고 볼 수 있다.

ESG 목표를 조직구성원들의 입장에서 힘든 일로 여기지 않고 진취적으로 추구하여야 할 목표로 인식하기 위해서는 조직의 리더가 ESG의 희망찬 비전을 보여주어야 함은 당연하다. 특히 ESG 목표는 단기적으로 설정할 것이 아니라 중장기적인 목표를 설정하여야 한다. ESG 성과는 근원적으로 중장기적인 투자와 실행 속에서 산출되는 속성이 강하기 때문이다. 2020년 말 기준으로 HSBC 글로벌 기업 설문조사에 따르면 다양한 ESG 부문에 대한 연간목표를 설정한 국내 기업은 26~45%인 것으로 나타났으며, 2025년 목표를 설정한 기업도 19~28%에 이르는 것으로 나타났다. 대부분 국내 기업(94%)이 지속가능성 개선을 통하여 고객수요증가(39%), 직원복지증진(36%), 기후변화완화(31%), 지역사회기여(28%), 투자유치를 통한 재정적 이익(28%), 브랜드 평판개선(27%) 등의 성과가 있을 것으로 전망하였다. 최근 RE100 위원회에 가입한 기업들은 2050년까지 기업의 전력사용량을 100% 재생에너지로 사용하겠다는 ESG 목표를 설정하고 있다. 이러한 목표를 설정하였다면 매년 목표대비 얼마만큼 수행했는지를 측정하고 목표에 도달하기 위한 계획을 보다 세부적으로 진행 상황에 맞게 조정하여야 한다.

둘째는 합리적인 의사결정체계를 갖추고 임직원의 ESG 의식과 역량을 제고하는 일이다. 전문가의 관점에 따라서는 ESG를 경영의사결정 및 투자전략을 통합하는 과정으로 정의하기도 한다. 이는 리더십과 더불어 의사결정구조(거버넌스)의 체계가 곧 ESG의 핵심이라고 보는 견해에 준거하고 있다. 기업경영관리에 있어서 거버넌스(기업지배구조, 의사결정체계)가 투명하고 민주적인 구조로 구축되어 있을 때, 이해관계자의 의견충돌을 극복하고 올바른 경영의사결정을 내릴 수 있다. CEO의 일방적이고 독선적인 조직경영을 제어하고, 사내외 다양한 이해관계자들의 의견을 합리적으로 조율하기 위해서는 바로 거버넌스가 올바르게 작동되어야 하며, 이로써 이해관계자들의 자발적 참여와 협력을 얻을 수 있다. 이를 실행하기 위하여 기업 스스로 거버넌스 이슈와 관련된 분석, 관여, 의결권 행사 시 너무 권위적인 정책과 체크리스트 중심으로 운영되어 오지는 않았는지를 점검해 볼 필요가 있다. 그간 조직의 의사결정체계가 CEO 중심의 Top-Down 형태이었다면 Button-Up 형태와 Middle-Up 형태를 혼합한 형태의 의사결정구조로 보다 유연성을 갖추도록 하는 접근방법도 고려해 볼 필요가 있다.

또한 'CEO의 크기가 조직의 크기'라는 경영학적 격언이 있듯이 '조직구성원의 인적자원수준이 그 조직의 경쟁력'이라는 대전제는 ESG 수준 분석에서도 적용된다고 볼 수 있다. 조직구성원이 ESG에 대하여 그 의미와 가치 그리고 그것이 조직성장의 원동력이자 좌표로 삼을 만한 기준임을 정확하게 인식하는 것이 중요하다. 이를 위해서는 ESG에 관한 기업의 비전, 목표, 경영철학 등을 포함한 교육

프로그램을 설계하여 정기적으로 교육을 해야 한다. 이때 CEO와 임원들이 ESG의 추진과 실행, 성과 달성에 대한 확고한 의지를 통일적으로 보여주는 것이 필요하다. 참고로 ESG 교육에는 다음의 내용이 주를 이룬다고 볼 수 있다.

셋째는 ESG 정보의 효율적 관리, 분석 및 공개이다. 이제 현명한 투자자들은 해당 기업에서 제공하는 ESG 정보 수준이 얼마나 정교하고 신뢰할만한가를 기준으로 기업을 평가하고 있다. 이는 ESG 정보가 투자자들에게 유의미한 사실을 제공해주면서 더 나은 성과를 창출하는 데 기여하고 있다는 인식이 커지고 있기 때문이다. 2020년 7월의 금융발전심의회에서도 기업의 사회적책임과 지속가능성을 고려한 책임투자가 확산함에 따라 ESG 정보공개를 확대하겠다고 발표

표 2.6 ESG 주요 교육내용(Contents)

범주	내용	비고
ESG 환경분석	국내 ESG 및 지속가능동향, 현재 조직의 ESG 수준	사례분석 자가진단
ESG 전략 수립	ESG, 지속가능경영비전 및 목표 설정, 전략과제 도출	추진일정 수립
ESG 성과목표	ESG 성과목표의 구체화, 세부실행과제의 도출방법	KPI 설정
ESG 운영체계	의사결정기구, 전담조직, 내/외부 협의체 구성(방안)	네트워크 구축
ESG 지원체계	ESG 임직원의 역량강화 교육 및 Workshop 진행	지원, 교육

하였다. 구체적으로는 지배구조보고서 의무공시의 범위(2020년 자산 총액 2조 원 이상의 유가증권시장 상장회사만 포함)를 단계적으로 확대하여 2026년부터는 모든 유가증권시장 상장회사의 지배구조보고서 공시를 의무화하는 한편, '환경 · 사회정보공개 가이던스'를 제시하겠다고 밝혔다. 이러한 흐름은 향후에도 강화되어 지속될 것으로 판단된다. 다음 〈표 2.7〉은 한국거래소에서 제정한 ESG 정보공개 가이던스를 보여주고 있다. 이러한 ESG 정보공개 가이던스를 준수함에 있어서 전사차원에서 통일된 ESG 측정기준과 보고기준을 갖고 있어야 한다. 일반적으로 ESG 관련 정보가 여러 부서에서 취합되기 때문이다. 이사회 차원에서는 이들 ESG 정보를 주기적으로 점검하여야 한다. 특히 ESG에 대한 적절한 내부통제를 갖추어서 정성적 정량적 정보의 정확성과 완전성을 확보하여야 한다. 경쟁사들의 ESG 관련 공시와 보고를 확인하고, 비교가능성을 검토하며 평가기관에 의한 인증보고서 발행 여부도 체크하여야 할 것이다.

넷째로는 ESG 이해관계자와의 네트워크 구축과 원활한 소통에 주

표 2.7 ESG 정보공개 가이던스

구분	조직	환경	사회
항목	ESG 대응(1) ESG 평가(1) 이해관계자(1)	온실가스 배출(3) 에너지 사용(3) 물 사용(1) 폐기물 배출(1) 법규 위반 · 사고(1)	임직원 현황(4) 안전 · 보건(3) 정보보안(1) 공정경쟁(1)

* 괄호 안의 숫자는 해당 항목 세부지표의 수를 의미함

목하여야 한다. 기업의 ESG 경영과 지속가능성장을 추구하는 ESG 경제가 곧 이해관계자 자본주의(stakeholder capitalism)를 의미한다고도 볼 수 있다. 이제 자본주의 경제체제가 주주자본주의에서 이해관계자 자본주의로 전환한 것으로 보는 견해도 더욱 힘을 얻고 있다. 이해관계자 자본주의는 주주를 포함한 조직구성원, 소비자, 협력업체, 채권자, 지역사회 등 광범한 이해관계자들이 공동의 주인이라는 시각이다. ESG 성과는 바로 이러한 이해관계자들과의 협력을 바탕으로 창출되는 것이기에 당연한 선택이 아닐 수 없다. 이제 ESG 이해관계자를 '사회와 환경책무'의 파트너로서 존중하며 '신뢰와 협력'의 관계를 형성한다는 게 진정으로 중요하다.

따라서 이사회의 역할에서 중요한 부분은 다양한 이해집단 간의 이해관계를 조율하는 것으로, 이사회는 ESG 사안에 주목하고 최고경영진이 기업전략에 ESG 전략을 반영하도록 하고, 이로 인한 기회 및 리스크를 확인하고 대응하도록 감시하는 역할을 담당하여야 한다. 또한 다양한 이해관계자와의 열린 커뮤니케이션이 무엇보다 중요하다. 특히 투명한 기업경영활동과 상호신뢰를 바탕으로 이루어지는 활발한 교류를 통해 수렴된 의견은 적극적으로 검토하여 지속가능경영 분야별 정책에 반영하고, 대내외 채널을 활용하여 정보를 공개하여야 한다.

ESG 성과향상을 위한 전 과정 평가

ESG 성과를 창출하기 위해서는 기존의 경영체계에서 통합적 의사결정을 할 수 있는 체계로의 재정비가 필요하고, 그를 바탕으로 '선택과 집중'을 통한 ESG 경영 중점영역과 전략적 비즈니스모델의 발굴에 박차를 가할 수 있다. 이는 한마디로 ESG 경영성과창출을 위한 기업 맞춤형 프로세스를 개선하여야 하고 이를 전 과정에 걸쳐 평가(LCA: Life Cycle Assessment)하여야 한다는 의미이다. 전 과정 평가(LCA)는 제품 또는 시스템의 전 과정에 걸친 투입물과 배출물을 정량화하고 이와 관련한 잠재적 환경영향을 총체적으로 평가하는 환경영향 평가기법이다. 이를 사회적가치연구원(CESE)의 ESG Handbook에서는 '제품 및 서비스 등 산업활동이 일어나는 모든 단계, 즉 원료채취–가공–조립–수송–사용–폐기의 전체 과정에서 환경에 미치는 영향을 평가하는 방법이다.'라고 정의하고 있다. 즉, 제품생신 및 유통과정에서의 에너지 및 자원 사용을 파악하고, 이로 인해 환경에 가해지는 영향 및 잠재적 피해를 규명하여 환경피해를 최소화하도록 개선하기 위해 전 과정 평가가 활용된다는 해석이다.

이로써 자원 사용에 대해 원자재 사용–생산–소비–폐기 접근법을 취하며, 원자재는 상품으로 변형되어 수명 주기가 끝난 뒤 버려지는 선형적인 자원소비에서 폐기물 방지를 목적으로 재생이 가능한 순환경제 모델을 채택하고자 노력하며, 유한한 자원을 보존하기 위해 점진적으로 원자재 소비와 성장을 분리하는 것을 목표로 하는 순환형

표 2.8 재생형 기업과 순환형 기업(예시)

재생형 기업	다농 생태계 펀드(Danone Ecosystem Fund)는 재생 농업 분야에서 새로운 비즈니스 모델을 시험한다. 식품제조기업 다농(Danone)은 미래 중점적 재생형 비즈니스 모델을 시험하고 있다. 1억 유로 규모의 다농 생태계 펀드는 현지의 다농 자회사와 비영리 파트너가 함께 계획한 프로젝트를 지원한다. 이 프로젝트는 다농의 가치사슬에서 중점적인 활동에 해당하는 4가지 분야로 구성되었으며, 지속가능한 수자원과 핵심 원자재의 조달 및 분기점, 신제품 유통채널을 만들기 위한 유통, 필수 지식의 교육과 영양 및 보건서비스의 접근성을 강화하기 위한 돌봄서비스, 순환경제 실시를 위한 재활용 등이 포함된다.
순환형 기업	이케아(IKEA)는 젊은 고객층과의 연계성 강화를 위해 새로운 렌탈 모델을 출시한다. 제품의 서비스화 트렌드 확산을 대표하는 예로써, 가구 소매업체 이케아는 2019년부터 가구대여계획을 발표하여 고객들이 이케아 제품을 보다 지속가능하게 구입, 관리, 양도할 수 있도록 하였다. 네덜란드에서 학생들은 이케아의 침대, 책상, 탁자, 의자를 월 30유로 이하로 대여할 수 있다. 이케아의 고위경영진은 '우리에게 앞으로의 성공은 비즈니스 모델을 재편하거나 개선하여 보다 저렴하고, 접근 가능하며, 지속가능한 비즈니스가 될 수 있느냐 하는 능력에 달려 있다'고 언급하였다. 순환경제를 향한 이케아의 행보는 많은 젊은 소비자들이 환경에 미치는 영향을 최소화하고자, 의복부터 자동차에 이르는 물품 대여를 선호하는 상황 속에서 비롯된 것이다.

출처: Deloite Insight, Climate & Sustainability 특집, 2020, pp.16–17.

태의 자원소비가 주류를 이룰 것으로 판단된다.

주요국 자동차 분야에도 전 과정 평가방식의 규제 도입을 검토하는 추세이다. 한국자동차연구원의 산업 동향 보고서(2020)에 따르면 세계 주요국가의 환경규제방향이 제품의 생산·사용 및 폐기·재활용 등 생애주기 전체를 포괄하는 전 과정 규제로 확대되고 있다고 한다. 실제 자동차 분야에 LCA를 적용할 경우 자동차가 사용하는 연료·전기뿐만 아니라 자동차 생산과정과 윤활유·부품 교체, 폐기·재활용 과정까지 규제대상이 될 수 있다. 보고서에서는 유럽연합(EU)은 2019년 자동차 LCA 기준 등을 이미 검토하기 시작하였고, 중국도 오는 2025년 이후 도입을 목표로 검토 중이라고 밝혔다. 한국자동차연구원은 이 외에도 미국 바이든 행정부가 친환경 정책에 심혈을 기울이고 있으며, 각국 및 글로벌 기업의 자발적인 탄소중립 선언 등을 고려할 때 LCA가 미래에 자동차 부문에도 적용될 가능성이 충분하다고 보았다. 자동차 분야에 LCA 방식 규제가 적용될 경우 첫 번째로 하이브리드차의 재조명, 두 번째로 친환경 가치사슬의 중요성 증대, 마지막으로 사용 후 배터리 관련 산업의 활성화 등의 변화가 예상된다. 국제에너지기구(IEA) 등 주요 기관에 따르면 하이브리드차의 생애주기 전반에 걸쳐 환경에 미치는 영향을 평가했을 때, 고용량 배터리를 탑재한 전기차와 비슷한 수준으로 이산화탄소를 배출하는 것으로 나타났다. 이 같은 분석에 따르면 하이브리드차가 LCA가 도입된다면 현재보다 긍정적으로 평가받을 수 있는 것으로 볼 수 있다.

또한 산업의 특성상 환경가스 배출이 많은 철강, 석유화학기업은 물론 반도체를 비롯한 전기전자 분야에서도 배출되는 CO_2의 절대량은 적지만 투입되는 단위 에너지대비 배출량은 철강, 석유화학기업보다 더 클 가능성이 농후하다. 엄청난 전략사용을 감안할 때 이러한 업종 역시 LCA 측면에서 개선점을 찾고 노력하여야 할 것이다. 향후에는 투자자들과 최종 고객이 LCA 세부명세서를 요구하는 시점이 점점 다가오고 있기 때문이다.

이에 따라 기업의 입장에서는 환경부하 및 에너지 소비예측을 고려한 Green Process 기술개발에 박차를 가할 필요가 있다. 이 기술은 원료, 소재, 수송, 사용, 재활용, 폐기 등 제품의 전 과정에 있어서 자원 효율성을 극대화함으로써 환경부하를 최소화하고 에너지 효율을 향상하는 소재, 공정, 제품 및 재활용에 대한 친환경 저탄소 기반 선순환 기술 등이 이에 해당된다. 구체적으로는 친환경 제품 설계기술, 청정생산 공정기술, 에너지/자원순환 네트워크 구축 및 3R(Reuse, Remanufacturing, Recycling) 자원 재활용, 환경친화적 소재 기술 등이라고 볼 수 있다. 기업들은 공정과 생산방식(PPMs : Process and Production Methods) 규제(OECD), 비환경 친화제품 규제, 전기전자제품 폐기물처리규제(EU)등 국제 환경규제에 근본적으로 대응하기 위해 제품 전 과정을 친환경 제품 설계 및 청정생산공정 기반 그린 프로세스(Green Process)로 전환해야 한다.

공정최적화나 공정 내 재자원화의 기술 수준은 선진국에 근접하였으나, 제품설계, 원천공정기술 등 핵심기술 분야는 선진국 수준 30~50%에 불과한 만큼 단계별 그린 프로세스 적용을 통하여 제품 가격 경쟁력을 높여야 할 것이다. 미래거대시장이 예측되는 환경친화적 소재기술은 정부 주도의 원천 한계돌파형(Breakthrough) 기술개발 이후 민간주도형의 실용화 기술개발이 추진되어야 한다. 따라서 정부는 DfE(Design for Environment) 기반 소재 설계 및 개발기술의 연구개발 및 시장육성을 위한 규제를 조정하고, 민간에서는 LCA 공정최적화 기술개발에 더욱 R&D와 투자를 집중하여야 한다. 앞으로 RE100 가입 기업은 자사는 물론 자사와 거래하는 공급망 협력사에 대해서도 재생에너지 사용과 더불어 LCA를 요구해야 할지도 모른다.

ESG 인센티브 및 보상

기업도 사회구성원으로 제 역할을 해야 한다는 '기업시민' 이념이 새롭게 떠오르면서 임원 보상 기준에 ESG를 포함해야 한다는 기업들이 늘어나고 있다. 또한 사회적가치측정 국제표준제정 등 기업의 ESG 경영 추진 노력과 성과에 따라 합당한 보상을 할 수 있는 가치측정체계의 고도화에 대한 필요성이 최근에 더욱 강조되고 있다.

실제로 한 연구[4]에서 CSR를 평가요소에 포함하는 경영자 보상계약(CSR계약)의 유효성과 영향력에 대해 연구를 위하여 2004년부터 2013년까지 스탠더드앤드푸어스(S&P) 500기업들이 미국 증권거래위

4 Caroline Flammer, Bryan Hong, Dylan Minor, "Corporate governance and the rise of integrating corporate social responsibility criteria in executive compensation: Effectiveness and implications for firm outcomes", Strategic Management Journal, 2019, 40(7), pp.1097-1122.

원회에 제출한 연차보고서를 수집하여 경영자 보상계약에서 CSR이 성과지표로 사용되었는지를 살펴보았다. 분석 결과, S&P 500기업들의 24%가 경영자 보상계약에서 CSR 지표를 반영한 것으로 나타났다. 2004년에는 S&P 500기업 중 12%만이 CSR 계약을 사용하였던 반면 2013년에는 그 비율이 37%까지 증가한 것으로 확인되었다. 즉, 위 연구결과를 토대로 CSR 계약을 도입한 기업은 장기지향성이 매우 증가하였음을 알 수 있다. 다시 말해, 사회 및 환경성과에 대한 인센티브를 제공함으로써 경영자는 장기적 성과를 추구하게 되었으며, 기업은 장기적 관점에서 가치를 창출하는 활동들을 지속함으로써 그 가치가 상승하게 된 것으로 해석할 수 있다.

또한 글로벌 자문회사 윌리스 타워스 왓슨(Willis Towers Watson)의 2020년 조사에 따르면, 북미·유럽·아시아·아프리카·중동지역 168개 기관의 이사들을 상대로 설문조사를 한 결과, 5개 기업 중 4개 기업이 "향후 3년 내 임원 인센티브책정에 ESG 요소를 반영할 계획"인 것으로 나타났다. 또한 경영진에게 인센티브를 부여하기 위해서 첫 번째로 ESG 목표 설정(52%), 두 번째로 ESG 성과 측정(48%), 세 번째로 ESG 성과 정의(47%) 등을 해결해야 한다고 응답했음을 밝히고 있다.

애플도 올해부터 환경·사회적책임·지배구조 등 ESG 부문에서도 성과를 올린 임직원에게 성과급을 지급한다. 그동안 기업들이 매출과 순이익 등 재무적 성과를 올린 임직원들에게 성과급을 지급한 사례는 많지만, 이처럼 ESG 성과에 성과급을 주는 사례는 찾기 힘들었다. 이는 애플이 탄소배출량을 획기적으로 줄이겠다는 방침에 따라 구성원들의 적극적인 참여를 독려하는 조치인 것으로 보인다. 로이터통신에 따르면 애플은 2021년도 주주총회 안건을 공개하며 자사 사회·환경적 가치 부분에서 성과를 내면 성과급을 지급하기로 하였다고 한다. 이날 애플이 구성원들에게 강조한 가치는 재활용 자재 사용, 직원 간 통합 등 총 6가지다. 2020년 7월 애플은 자사의 생산·공급 과정에서 발생하는 탄소배출량을 2030년까지 대폭 줄일 것이라 선언하며 글로벌 기업의 '탄소 제로(0)' 흐름에 합류하였다. 이와 함께 자사 건물 및 공장 주변에 나무를 심고 자연 서식지를 복원하는 등 환경을 고려한 프로젝트를 추진하여 글로벌 IT 기업으로서 ESG 경영에 박차를 가할 것으로 보인다.

한편, 국내 기업으로 SK는 계열사 성과에 사회적가치를 계량화하여 결과에 따라 보상하는 '사회성과 인센티브' 제도를 2015년에 도입하였다. 사회성과 인센티브제는 SK 계열사가 실현한 사회적가치를 화폐로 환산하여 현금으로 보상하는 제도를 의미한다. 2019년에는 200개 기업이 사회성과 인센티브 프로그램에 참여하여 598억 원 상당의 사회성과를 창출한 것으로 측정되었다. 기업이 창출한 사회성과는 크게 일자리 창출, 사회 서비스제공, 환경 문제해결, 생태계 문제해결 등 4개 분야로 나눠 측정되었다. 사회성과 인센티브가 시작된 2015년부터 꾸준히 사회성과를 창출하였으며, 참여 기업당 연평균 매출액도 2015년 16.1억 원에서 2019년 17억으로 증가하였다.

반면에 전국경제인연합회는 글로벌 ESG 확산 추세가 국내산업과 기업에 미치는 영향에 대해 15개 증권사 리서치센터장을 대상으로 조사한 결과, 글로벌 경영을 위한 ESG 중 환경 분야 대응이 가장 중요하며, 현재 국내 기업의 ESG 대응수준은 선진국 10점을 기준으로 대기업이 7점인 반면, 중소기업은 4점에 불과하여 중소기업의 ESG 대응여력확보가 필요한 것으로 나타났다. 〈그림 2.14〉에 나타난 바와 같이 투명한 평가체계확립, 제도적 인센티브마련, 한국형 ESG 평가지표개발의 문제는 성공적 ESG 대응을 위한 개선과제로 제시되었다.

우리 정부도 기업들이 이러한 현실적인 문제점을 개선하고 ESG에 적극적으로 참여할 수 있도록 "지속가능경영보고서 공시제도를 개선하고, ESG 표준 마련과 인센티브 제공도 추진하겠다"는 것을 공표하였다. 정부의 입장은 "기업에 대한 ESG 경영 요구가 확대되는 추세이지만 기업 규모별 이행격차가 크다"며, "기업지원·인센티브를 확대하는 등 산업생태계 전반으로 ESG 경영이 확산될 수 있도록 정책

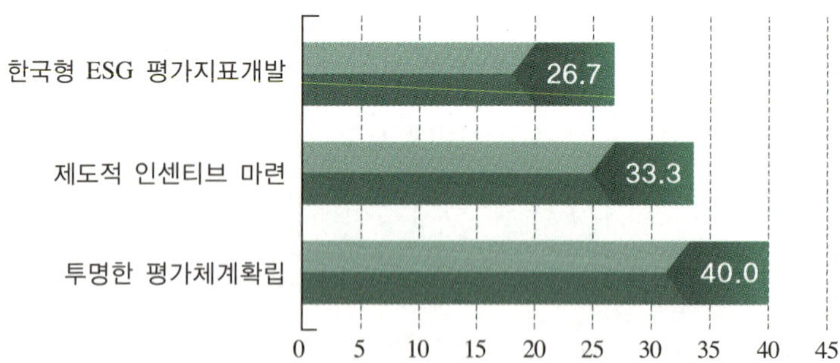

그림 2.14 ESG 성공대응 개선과제

지원을 추진하겠다"고 밝힌 것은 긍정적인 신호로 볼 수 있다. 실제 정부는 탄소중립시대 지속가능경영 추진을 지원하면서 2020 지속가능경영 유공(자) 정부포상을 실시한 바 있다. 구체적으로는 친환경 혁신, 협력사 안전관리 등 ESG 우수기업수상(인센티브) 컨설팅·가이드라인 제공과 함께 중견·중소기업 중심으로 교육·평가지원, 친환경·안전강화형 사업재편, 국내 ESG 실천·성과를 중심으로 평가포상·R&D 등 인센티브 부여를 추진목표로 설정하고 있다. 따라서 기업마다 처한 상황은 다를지라도 앞서 언급된 ESG 성공을 위한 선결과제를 해결하기 위한 전략적 방안을 시급히 마련하여 단계적으로 접근할 필요가 있다.

ESG 성과평가 및 개선

ESG 경영을 도입한 기업이나 조직에서 궁극적으로 수행해야 할 사항은 ESG 성과에 대한 평가이다. 앞서 언급한 바와 같이 성공적인 ESG 경영을 위해서는 투명한 평가체계를 확립하는 것이 ESG 경영의 도입 이상으로 중요한 사안이다. 관건은 비재무정보를 중심으로 하는 ESG 평가에서 방법론상의 투명성과평가자 간 결과의 일관성을 유지하기 위해 통일적 기준을 적용하는가이다. 현실적으로 ESG 성과평가에 대한 기준에 있어서 기업이 사회적책임과 지속가능성 등을 어떻게 분류하여 측정하고 있는지, 그리고 이해관계자에게 어떻게 보고해야 하는지에 대한 정형화된 뚜렷한 기준이 없기 때문이다.

국제준칙을 준수하여 작성한 회계 정보와 기업공시자료에 기초하여 작성된 신용등급평가는 다르게 운영되고 있는 측면이 높을 것이라는 전문가의 견해도 이러한 현실을 반영하고 있다. 기업들의 ESG 활동과 성과에 대한 의무공시가 공식적으로 도입되더라도 공시에 관한 객관적인 성과평가기준이 확보되지 못할 경우, 기업이나 조직에 따라 ESG 성과를 해석하는 과정과 관점이 다양하여 성과평가의 결과가 수렴되지 못할 가능성이 크다. 이에 기업활동을 ESG 관점에서 관련 요소를 세세하게 분류하고 정형화된 기준에 맞추어 성과를 산출하고 이를 토대로 실제 투자에 반영하기까지는 커다란 노력이 수반된다. 현재 시장에서는 신뢰성을 바탕으로 공시된 ESG 성과를 근간으로 지속가능투자의 규모가 증가하고 있는 시점이어서 기업의 ESG 평가체계에 대한 점검이 더욱 필요하다고 볼 수 있다.

ESG 성과평가가 올바르게 이루어진 기업의 경우 글로벌 책임투자 전략을 살펴보더라도 ESG 정보를 활용한 투자의 비중이 점차 늘어나는 추세이다. 이는 ESG 성과가 우수한 기업에 투자될 가능성이 크고, 기업의 입장에서는 우수한 ESG 성과를 창출함으로써 외부로부터 자금조달의 비용과 위험성을 낮출 수 있는 장점을 갖게 됨을 의미한다. ESG 평가에서 우수한 성과 즉 관련 실적을 나타낸 기업들의 주가를 보더라도 그렇지 못한 기업들보다 상대적으로 우수한 수익률을 나타내고 있으며, 변동성도 낮다는 점을 〈그림 2.15〉를 통해서도 확인할 수 있다. 심화평가가 도입된 2015년부터는 ESG 평가결과가

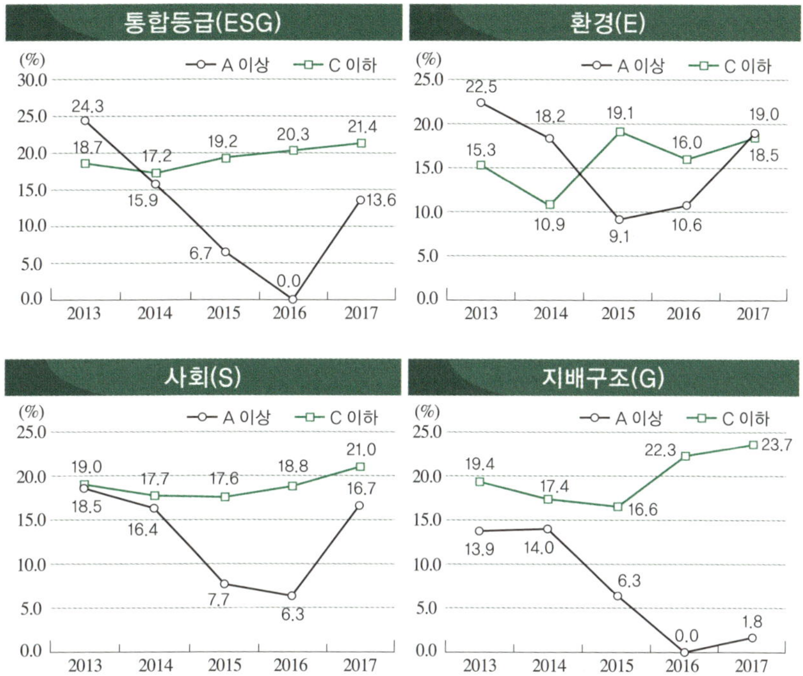

그림 2.15 ESG 성과(N년도)별 이듬해 당기순이익(N+1년도) 급락기업 비중

출처: 한국기업지배구조원, ESG 성과별 영업실적 및 주가하락위험, 2019.12.

우수한 기업군에서 당기순이익이 급락한 비중은 ESG 평가결과가 저조한 기업군에 비해 낮은 경향을 보이는 것으로 나타나고 있다.

현재 ESG 평가기관은 기업이 공시한 지속가능경영보고서와 기업지배구조보고서 등 국제표준에 의거한 보고서를 기반으로 점수를 부여하지만, 점수부여기준과 가중치 등은 서로 상이하다. 한국기업구조지배원 등의 평가기관에서 모범 규범 등을 발간하여 평가를 위한 가이드라인을 제공하고 있지만, 아직 평가기관마다 차이가 있어서 평가기관 기준에 대응하는 것은 많은 인력과 노력이 필요하다. 문제는 평가기관에 따라서 지나친 평가기법의 차이, 지역별 편차, 평가기법의 불투명성 등 다양한 원인으로 인하여 상이한 결과도 존재하며, 불일치한 결과가 나타날 수 있다는 데에 있다. 따라서 기업의 입장에서는 ESG 성과평가를 위한 현명한 전략선택이 중요하다. 한국경제신문(2021)에서 발간한 기업의 ESG 실무담당자가 ESG 경영과 대응을 위한 10가지 팁에 대하여 설명하고 있는데, 이를 〈표 2.9〉에 소개하니 참고하길 바란다.

〈표 2.9〉의 ESG 실무자 팁을 통하여 인지할 수 있듯이, ESG 실무자는 자사의 상황에 맞게 ESG 경영의 도입과 평가에 이르는 전 과정을 개념적인 플로우나 프레임워크로 설정하는 것이 중요함을 인식할 필요가 있다. 특히 평가 가이드라인과 연관하여 평가기관마다 평가기준이 다르므로 주요 평가기관의 가이드라인을 참고하고, 수시로 평가기준의 변화를 확인하는 것이 중요하다는 대목에 더욱 주목할 필요가 있다. 향후에는 통합된 국제표준이나 기준 및 성과평가지표가 마련되어 하나의 기준에 집중하여 ESG 성과를 관리할 수 있는 시기가 도래할 것으로 기대하고 있지만, 아직까지 ESG 성과평가의 기준으로 가장 타당하고 보편적이라고 합의된 사항이 없으므로 평가기관의 선정과 활용도 전략적인 선택이라고 볼 수 있다. 이러한 전략적 선택과 연관하여 ESG 성과평가에 대한 개선 방향을 제시해보면 다음과 같다.

첫째, ESG 성과평가를 준비하고 있는 기업의 입장에서는 합리적

표 2.9 ESG 실무자를 위한 10가지 팁

번호	주요 키워드	세부내용
1	최신 경향 파악	• 업종 및 산업별 ESG 경향 파악(항목별 중요도 파악) • 평가사 가이드라인과 경쟁사 분석을 통한 회사의 ESG 문제 파악
2	경영진과의 의사소통	• ESG 문제 해결을 위한 경영진, 주주, 임직원 등 이해관계자와의 협조 요청과 회사의 ESG 방향성 수립
3	지속가능경영 보고서	• ESG 평가의 주요 참고 보고서로 경쟁사의 보고서와 GRI, SASB 등의 국제 가이드라인 등을 참고하여 작성 • 각 담당 부서와 유기적으로 의사소통하여 자세하게 작성하고 양적인 데이터를 보여주는 것이 핵심
4	평가사 가이드라인	• 평가기관마다 평가기준이 다르므로 주요 평가기관의 가이드라인 참고하고 수시로 평가기준 변화 확인
5	보고서의 투명성	• ESG의 보고서는 투명성이 기본이며, 기업의 단점도 서술하고 개선 계획 등에 대하여 구체적으로 서술 필요
6	타 부서와의 협조	• ESG는 경영진부터 말단 직원까지 모든 임직원과 이해관계자의 협조가 필요 • 현실적 목표와 ESG 성과 달성을 위하여 정량적 데이터를 이용해서 타 부서에 협조를 요청하고 현실적 목표 달성을 위하여 의사소통 필요
7	ESG의 수치화	• ESG 성과는 정량적으로 수치화하여 보여주는 것이 효과적 • 비재무적 성과는 온라인 활동 등을 통하여 지속적 소통 필요
8	ESG 전문가 영입	• 분야별(환경, 사회, 지배구조) ESG 전문가 영입 • 회사 내부의 인재 활용: ESG 대응을 위해서는 회사와 업종, 산업에 대한 이해와 부서간 의사소통 및 협조 요청이 필수
9	외부 컨설팅의 고려	• 외부 컨설팅 업체를 통한 내부 직원의 교육과 자문을 통한 역량의 내재화
10	ESG 실천	• ESG의 목표는 보고가 아닌 실천 • ESG를 핵심 사업과 연결하여 사업의 방향성 결정

출처 : 한국경제신문 및 한국경제매거진 전문기자, 2021.

인 ESG 성과평가체계를 구축하기 위하여 자사의 평가 플로우나 평가기준, 평가의 투명성 측면에서 개선하여야 할 사항들을 점검하는 것을 선결과제로 삼아야 한다. 이때 발견된 개선하여야 할 사항들에 대해서는 TF team을 선정하여 해결하거나 자사의 상황에 맞는 또 다른 해결방안을 모색하여 추진하여야 할 것이다. 공공차원에서는 기업들이 지속가능활동과 관련한 주요 정보를 체계적으로 공시할 수 있도록 신뢰성 있는 기준과 제도를 마련하는 방향으로 활동과 노력이 전개되어야 함은 물론이다.

둘째, 아직까지 통일된 기준이 마련되어 있지 않은 상황에서 평가기관마다의 상이한 기준에 따라 자사의 ESG 성과평가결과 역시 달라질 수 있음을 최고경영자를 포함한 임원들이 인지하도록 하는 점도 잊지 말아야 한다. 아울러 활용하고자 하는 성과평가기준을 토대로 자체 평가를 실행해 보는 것이 필요하다. 이는 자사의 현 상황을 숙지하여 향후 개선하여야 할 사항을 지속적으로 도출하는 효과뿐만 아니라 평가체계가 상이함으로 초래할 수 있는 결과를 투자자에게 설명을 할 수 있는 토대를 마련할 수 있기 때문이다.

셋째, 국내에서 통용되고 있는 평가기준을 활용하여 ESG 성과를 평가하는 것이 첫 단계라면 국제 지속가능 기준안에 대해서도 관심을 갖고 이를 자사의 ESG 성과평가에도 적용해 보는 것도 발전적인 대안이 될 수 있다. 향후 신뢰성 있는 ESG 정보공시를 위한 국제적 기준안에 맞게 자사의 ESG 성과평가결과가 이루어질 때 기업의 전략선택의 폭이 넓어질 수 있을 뿐만 아니라 자사의 경쟁력 제고에도 유효할 것으로 판단된다.

넷째, 기업의 ESG 평가결과의 신뢰성을 대내외적으로 제고하기 위하여 자사의 ESG 성과평가가 체계적으로 그리고 투명하게 이루어지고 있음을 지속적으로 홍보하는 일 역시 중요하다. 투명성이 저하될수록 자사의 기업가치도 동반 하락할 가능성도 높다. 한국거래소가 분석한 'G20 증시 평가지표'에 따르면 현재 모건스탠리캐피털인터내셔널(MSCI) 한국 지수의 12개월 선행 주가수익비율(PER)은 15.4배로, 미국(23.7배)과 일본(23.6배), 중국(16.4배), 독일(16.3배)보다 낮은 수준이다. 결국 기업들의 ESG 경영을 가능하게 하는 가장 강력한 수단은 정보의 투명한 공시이며, 공시된 정보들이 체계적인 절차에 따라 진행되었음을 기업 스스로는 물론 대외적으로 인정받는 것이 중요하다.

ESG 성과평가와 관련하여 위와 같은 사안들에 대해서 기업들은 확실하게 인지를 하고 준비를 하여야 할 것이다. 이제는 ESG 경영의 도입 필요성을 강조하는 시점을 지나서 얼마나 체계적으로 ESG 경영체계를 갖추고 정형화된 프로세스에 따라 관련 사항을 수행해야 할 때이다. 나아가 ESG 성과를 얼마나 투명하게 산출해낼 것인가에 대하여 전략적으로 고민하고 지속적인 개선안을 찾아야 할 시점이라고 할 수 있다.

3장

ESG 성과평가지수 및 사례

01 ESG 평가지수

02 국외 ESG 경영 우수 조직 사례

03 국내 ESG 경영 우수 조직 사례

04 ESG 경영 확산을 위한 국내외 노력

01 ESG 평가지수

ESG 평가방법론과 평가기관

2008년, 금융위기 이후 기업들의 지속가능성에 대한 중요성이 부각되며 ESG에 대한 투자가 증가하고, ESG 평가기관들이 본격적으로 등장하게 되었다. ESG 시장에서는 MSCI, Sustainalytics, Thomson Reuters 등 글로벌 평가기관들이 앞장서 ESG 인덱스뿐만 아니라 개별 투자자를 위한 특정 인덱스를 개발하기도 하는 등 활발한 활동을 보여주었다. ESG 평가는 비재무와 비정형 데이터에 대한 평가 비중이 높으므로 평가에 대한 노하우와 비정형 데이터의 수집 및 각종 평가 기술을 핵심요소로 뽑고 있다.

ESG 평가에는 전통적인 재무분석에서 다루지 못했던 비재무적 요소(환경, 사회, 지배구조 등)를 체계적으로 분석하여 기업의 기회와 위험요인을 사전에 발견하고 대응하는 것에 초점을 맞추고 있다. 이 비재무적 요소로 인하여 문제가 발생하면 기업의 생존이 위협받을

표 3.1 ESG 평가방법론

구분	기관명	지수 명칭	시작	평가 대상	평가 등급	평가방법 / 특이사항
국내	한국기업 지배구조원	ESG 평가	2011	900	S~D	· 기업 공시, 기관 자료, 미디어 자료 활용 · 2017년 지배구조 정성평가 시범도입
	서스틴 베스트	ESG Value	2006	1000	AA~E	· E, S, G 각 영역에 대해 Category(평가항목), KPI(평가지표), Data Point(세부지표)순의 단계별 하부체계로 구분 · 상반기 평가와 하반기 평가로 나누어 진행
	대신경제 연구소	–	2017	–	–	· 수기조사(Hand collecting)하는 것을 원칙으로 기초조사 및 정량적 문항평가를 진행
국외	Thomson Reuters	ESG Scores	2009	6,000	0~100% & A+~D	· (1) ESG Score, (2)Esg Controversy Score로 구성 · 2주마다 업데이트 · 10개 카테고리, 이슈가 많을수록 가중치 부여
	Dow Jones (RobecoSAM과 파트너십)	DJSI	1999	5,900	0~100 산업내 비교	· 특정 dimension에 대해 산업별 가중치 부여/산업에 따라 Industry-specific criteria 적용 · e.g. Electric Utilities 산업의 Environmental 비중(36%)이 Bank(16%)보다 2배 이상 높게 설정 · Water-related risks는 electric utilities 산업에만 적용 · 산업별 설문 조사 시행(80~120문항)

구분	기관명	지수 명칭	시작	평가 대상	평가 등급	평가방법 / 특이사항
국외	Morgan Stanley	MSCI ESG Ratings	2010	6,000	AAA ~CCC	· 37 ESG issues Relative to the standards and performance of their industry peers · 정부 데이터베이스, 기업 공개자료, 매크로 데이터, NGO 데이터베이스 자료 활용 · 매주 새로운 정보가 반영되어 업데이트/심층 기업분석 리뷰는 연간 약 1회
	Bloomberg	ESG Date	2009	10,000	0~100	· 120 indicators, 정보 누락에 대해서는 감점 적용
	RepRisk	ESG Ratings	1998	84,000	AAA~D	· 매일 업데이트 · 80,000 미디어 및 이해관계자 데이터 소스 모니터링 · 28 ESG issues, 45 "Topic Tags" · Carbon Disclosure Project, UN-supported Principles of Responsible Investment와 파트너
	Sustainalytics	ESG Ratings	2008	6,500	0~100 산업내 비교	· 70개 indicators · 3 dimensions: preparedness, disclosure, performance

만큼 심각한 사태가 이어질 수 있기 때문이다. 글로벌 신용평가기관인 무디스(Moody's), 피치(Fitch Ratings), S&P(Standard & Poor's) 등에서는 ESG 평가결과를 신용등급에 일부 반영하고 있다. S&P Global의 경우, 환경오염이나 탄소배출량, 안전보건, 내부통제, 리스크 관리 등으로 분류하여 조정 사유에 해당하는 기업에 대해 신용등급을 조정하고 있다.

이러한 흐름은 국내 신용평가기관에도 영향을 미치고 있다. 한국신용평가기관은 ESG 채권인증 평가사업을 한국 최초로 2020년 10월에 선보였다. 자체 ESG 금융평가방법론을 토대로 한국중부발전이 발행한 공모사채(지속가능채권)를 평가하였다. 이때 평가방법에는 발행기업이 ESG 관련 지속가능경영, 기후변화 완화 및 대응에 대한 회사의 의지, 프로젝트가 적격사업 기준에 부합하고 조달 자금전략을 프로젝트에 투입하는지 등의 평가지표를 활용하였다. 참고로 국민연금기금 국내주식 ESG 평가지표는 〈표 3.2〉와 같다.

그런데 ESG 경영에 대한 도입이 기업경쟁력의 필수요소로 인식되면서 평가체계구축에 관심이 고조되고 있는 반면, 외부 평가기관마다 평가기준(지표)이 상이하여 현장에서는 혼란이 야기되고 있다. 평가기관별 정보수집·분석 등에서 서로 다른 방법론·기준을 적용하여 동일한 대상이라고 할지라도 ESG 평가가 기관별로 판이한 결과가 도출되고 있다. 테슬라 환경부문 평가에서 FTSE(Financial Times Stock Exchange) Group에서는 제조공장 온실가스 배출을 근거로 0점 평가한 반면, MSCI에서는 온실가스 배출이 없는 전기차 생산을 감안하여 최고등급으로 평가한 바가 있다.

국내에서도 현대자동차에 대한 ESG 평가에서 MSCI에서는 B등급을 부여하였으나 한국기업지배구조원은 A등급을 부여하였다. SK이노베이션의 경우에도 MSCI는 BBB등급으로 평가하였으나 기업지배구조원은 A+로 평가하였다. ESG 경영평가지표로 주로 활용하는 MSCI, 다우존스(DJSI) 지속가능경영지수, 레피니티브, 한국기업지배

표 3.2 국민연금기금 국내주식 ESG 평가지표

	이슈	평가지표
환경 (E)	기후변화	온실가스관리시스템, 온실가스 배출량, 에너지소비량
	청정생산	청정생산관리시스템, 용수사용량, 화학물질사용량, 대기오염물질 배출량, 폐기물 배출량
	친환경 제품개발	친환경 제품개발 활동, 친환경 특허, 친환경제품 인증, 제품환경성 개선
사회 (S)	인적자원관리 및 인권	급여, 복리후생비, 고용증감, 조직문화, 근속연수, 인권, 노동관행
	산업반전	보건안전시스템, 보건안전시스템 인증, 산재다발사업장 지정
	하도급거래	거래대상선정 프로세스, 공정거래자율준수 프로그램, 협력업체 지원활동, 하도급법 위반
	제품안전	제품안전시스템, 제품안전시스템 인증, 제품관련 안전사고 발생
	공정경쟁 및 사회발전	내부거래위원회 설치, 공정경쟁 저해행위, 정보 보호 시스템, 기부금
지배구조 (G)	주주의 권리	경영권보호장치, 주주의견 수렴장치, 주주총회 공시시기
	이사회 구성과 활동	대표이사와 이사회의장 분리, 이사회 구조의 독립성, 이사회의 사외이사 구성현황, 이사회 활동, 보상위원회 설치 및 구성, 이사보수 정책 적정성
	감사제도	감사위원회 사외이사 비율, 장기재직 감사(위원) 비중, 감사용역비용 대비 비감사용역비용 비중
	관계사위험	순자산 대비 관계사 우발채무 비중, 관계사 매출거래 비중, 관계사 매입거래 비중
	배당	중간.분기배당 근거, 총주주수익률, 최근 3년 내 배당 지급, 과소배당

출처: 국민연금관리공단, "2019 국민연금기금 수탁자책임활동보고서", p.11

구조원 등에서 활용하고 있는 평가지표항목에 있어서도 정도의 차이가 있다. 다행히 산업통상자원부는 2021년 4월 'K-ESG 지표 업계 간담회'를 개최하고 ESG 표준화 작업의 일환으로 K-ESG 지표 초안 〈표 3.3〉을 최종 지표를 공개하였으며, 광범위한 의견 수렴 과정을

표 3.3 K-ESG 지표 주요내용(안)

대 분 류		세부 내용
정보공시 (5개 문항)	정보공시	지속가능경영 정보공개 방식, 사업장 범위, 목표
환경 (14개 문항)	환경경영 정책	환경정책 및 조직, 기후변화 대응 등
	환경경영 성과	친환경 비즈니스, 환경경영 성과, 이해관계자 소통 등
	환경경영 검증	협력업체 환경경영 지원 등
	법규준수	환경 법규 위반
사회 (22개 문항)	사회책임경영 정책	사회적책임경영전략 및 목표 등
	임직원	임직원 다양성, 채용 등
	인적자원관리	임직원 교육, 역량 개발 등
	근로환경	사업장 안전관련 사항 등
	인권	인권정책, 교육 등
	협력사	공급망, 동반성장 관련 성과 등
	지역사회	지역사회 사회공헌 참여 및 관련 활동 등
	정보 보호	개인정보 보호 현황 등
	법규준수	사회부문 법규 위반
지배구조 (20개 문항)	이사회	이사회 다양성, 관련 활동 등
	주주	주주권리, 배당 등
	소유구조	소유구조 등
	윤리경영 및 반부패	윤리경영 및 반부패, 준법 현황 등
	감사	감사기구 관련 등
	법규준수	지배구조 법규 위반

출처: 산업통상자원부 보도자료, 2021. 4. 21.

거쳐 2021년 하반기에 최종 지표를 발표할 계획이다.

한편, ESG에 대한 운영성과를 평가하는 측면에서 기업주주의 이익과 사회적가치 충돌문제가 앞으로 큰 과제로 대두될 것이라는 전망이다. ESG에 모범적이라고 인정받았던 프랑스 다농의 경우처럼 사회적가치 추구와는 달리 지속적으로 실적이 하락하여 기업가치를 훼손하였다는 이유로 CEO가 교체되는 결과를 초래한 사항도 배제할 수 없다는 지적이다.

정부에서는 글로벌 기준에 부합하는 민간주도 한국형 지표(K-ESG) 제정을 통하여 컨설팅·가이드라인 제공과 함께 포상·R&D 지원 등 인센티브 부여를 계획하고 하고 있다. 나아가 업종별 산업 생태계 차원의 지속가능경영에 대한 연대·협력 활성화를 지속적으로 추구하고자 한다. 이러한 전략적 추구가 바람직한 성과를 도출하기 위해서는 산업현장의 대응능력을 제고하는 것을 잊지 말아야 한다.

글로벌 대표 ESG 지수: MSCI

최근 들어 비재무적 요소의 중요성이 점점 더 크게 부각되고 있고, 이러한 요소들이 ESG 평가기준으로 포함되고 있다. 글로벌 ESG 평가기관인 MSCI의 평가방법론에 대해 살펴보면 환경, 사회, 지배구조의 각 항목별 10개 테마, 37개의 핵심 이슈로 구분하여 각각의 이슈별로 부여된 가중치에 따라 점수를 산출한다.

표 3.4 MSCI ESG 평가항목

범주	이슈	평가지표
환경 Environmental	기후변화 Climate Change	탄소배출(Carbon emissions) 제품의 탄소발자국(Product carbon footprint) 자금조달의 환경영향(Financing environmental impact) 기후변화 취약성(Climate change vulnerability)
	천연자원 Natural Re-sources	물 부족(Water stress) 생물 다양성과 토지이용(Biodiversity and land use) 원자재 조달(Raw material sourcing)
	오염물질, 폐기물 Pollution & Waste	유독물질 배출과 폐기물(Toxic emissions and waste) 포장재 폐기물(Packaging material & waste) 전자기기 폐기물(Electronic waste)
	환경 관련 기회 Environmental Opportunities	친환경기술 기회(Opportunities in clean tech) 친환경건축 기회(Opportunities in green building) 신재생에너지 기회(Opportunities in renew-able energy)
사회 Social	인력자원 Human Capital	노무관리(Labor management) 인력자원 개발(Human capital development) 보건과 안전(Health and safety) 공급망 근로기준(Supply chain labor standards)
	제품책임 Product Liability	제품안전과 품질(Product safety and quality) 화학적 안전성(Chemical safety) 금융상품 안전성(Financial product safety) 개인정보 보호와 데이터보안(Privacy and data security) 사회책임투자(Responsible investment) 보건과 인구통계 리스크(Health and demo-graphic risk)

사회 Social	이해관계 상충 Stakeholder Opposition	자원조달 분쟁(Controversial sourcing)
	기회균등 Social Oppor–tunities	통신망(Access to communications) 금융(Access to finance) 의료 서비스(Access to healthcare) 보건과 영양섭취(Opportunities in health and nutrition)
지배구조 Governance	기업지배구조 Corporate Governance	이사회 다양성(Board diversity) 임원 보상(Executive pay) 소유와 지배(Ownership and control) 회계(Accounting)
	기업활동 Corporate Be–havior	기업 윤리(Business ethics) 반경쟁적 관행(Anti–competitive practices) 세금(Tax transparency) 부패, 불안정성(Corruption and instability) 재무구조 불안정성(Financial system instability)

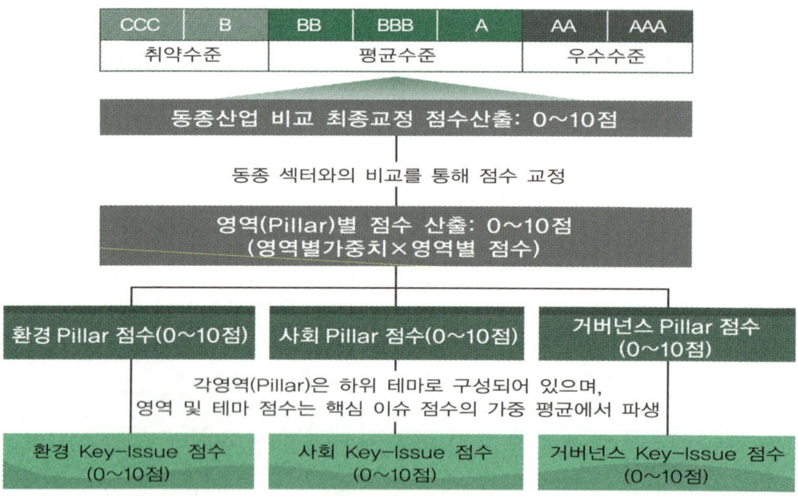

그림 3.1 MSCI ESG 평가체계

글로벌 대표 ESG 지수: 다우존스 지속가능경영지수

지속가능경영의 평가지수는 지속가능경영보고서의 기준(일반 공개 사항, 프로세스 요구사항 등)에 따라 평가할 수 있다. 또 다른 지수로는 다우존스 지속가능경영지수(Dow Jones Sustainability Indexes, DJSI)가 있다. 이 지수는 다우존스가 1999년에 우량기업 주가지수를 평가하

표 3.5 다우존스 지속가능경영지수 평가항목

구분	평가분야
경제	기업 지배구조 위험 및 위기관리 행동·규정준수·부패 및 뇌물수수 강령 고객관계경영(CRM) 비재무적 사업평가
환경	환경 보고 환경정책 및 경영체계 운영환경 효율성 건축 자재 기후변화 전략 자원 절약 및 효율성 교통 및 유통 물 관련 위험
사회	사회 보고 노동·관행 지표 인적 자본 개발 인재 유치 및 유지 기업 시민의식 및 자선 직업 보건 및 안전(OHS) 공급업자 표준

기 위해 만든 지수로, 기업을 단순히 재무적 정보로 파악하는 데 그치지 않고 지배구조, 사회공헌도 등을 토대로 지속가능경영을 평가하여 우량기업을 선정하기 위해 만든 것이다. 현재 이 지수는 2005년 12월 31일을 기준(기준지수는 1000 포인트)으로 상대적 등락으로 평가한다. 이 지수의 구분은 경제, 환경, 사회로 나누어져 있으며, 〈표 3.5〉와 같다.

국내 대표 ESG 지수: 한국기업지배구조원의 KCGS

한국기업지배구조원(KCGS)이 사용하는 ESG 평가모형의 내용을 보면 대략적으로 〈표 3.6〉과 같다. 각 평가 영역인 환경, 사회, 지배구조에 따라서 평가모형 모델을 가지고 있으며, 이들은 KCGS 내부의 규준으로 설정되어 있다. 또한 평가 시에 외부의 법, 제도, 규범으로 무엇을 주로 참작하는지도 제시되어 있다. 좀 더 상세한 내용을 원한다면 KCGS 홈페이지에서 'ESG 평가 안내'를 참조하면 좋을 것이다.

한국기업지배구조원은 한국거래소와 함께 상장사들에 대하여 ESG 공시를 다음과 같이 확대하는 로드맵을 발표하였다.

1단계(2021~2025년): ESG 가이던스를 제시하고 상장사들이 자율적으로 공시할 것을 권장
2단계(2025~2030년): 일정 규모 이상의 상장사들은 의무적으로 ESG 공시
3단계(2030년부터): 모든 유가증권시장에 있는 상장사들은 의무적으로 공시

따라서 큰 규모의 상장사들은 2025년부터 의무적으로 ESG 업무상태를 공시해야 하고, 2030년부터는 모든 상장 기업들이 ESG 공시를

표 3.6 KCGS ESG 평가모형

평가 영역	평가모형 모델	KCGS 규준	법 · 제도 · 규범
환경	경영 프로세스 모델 • 업종별 차이에 따른 환경경영 관리 능력 및 성과평가 • 환경 민감도 적용	환경 모범규준 • 환경경영체계 • 성과관리 및 보고 • 이해관계자 대응	• 저탄소 녹색성장 기본법 • 화학물질의 등록 및 평가 등에 관한 법률 • ISO 14001 환경인증제도 • 기후관련 재무정보공개(TCFD) 등
사회	이해관계자 모델 • 경영활동과 직간접적 이해관계를 형성하고 있는 대상 중심 • B2C, B2B, B2B IT 업종 구분	사회 모범규준 • 근로자 • 협력사 및 경쟁사 • 소비자 및 지역사회	• 독점규제 및 공정거래에 관한 법률 • ISO 26000 사회적책임 세계 표준 • 국제노동기구 핵심 협약 • 유엔국제인권선업 및 OECD 인권 실사 지침
지배구조	통제가능 모델 • 지배구조 주요 장치별 분류 • 일반 상장사 및 금융회사에 특화된 지배구조 요건 고려	기업지배구조 및 감사 모범규준 • 주주권리 보호, 이사회, 감사기구, 공시 • 최고경영자 모수 및 위험관리	• 상법 및 금융회사의 지배구조에 관한 법률 • OECD 기업지배구조 원칙 • 영국 FRC 및 일본 JPX 기업지배구조 코드

해야 한다. 결국 조만간에 ESG 결과에 대한 공시는 큰 기업부터 시작하여 모든 기업에서 이루어질 것이다.

국내 대표 ESG 지수: 서스틴베스트

국내 ESG 평가기관은 글로벌 기관들에 비해 인력 및 평가경험, 노하우가 부족하다고 평가받고 있으나, ESG가 확대됨에 따라 지속적으로 발전하고 있다. 국내에서도 연기금을 중심으로 한 기존 사회적책임투자(SRI)를 ESG 투자로 발전시키는 계획들이 진행되고 있으며, 한국거래소에서도 상장 기업들의 ESG 공시와 관련된 업무를 전담하는 조직을 확대·개편한 바 있다. 국내 ESG 평가기관인 서스틴베스트의 평가방식은 〈그림 3.2〉, 〈그림 3.3〉과 같다. MSCI와 유사하

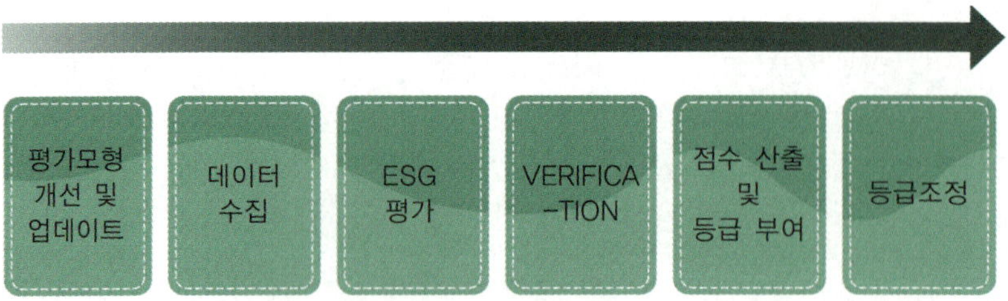

그림 3.2 논란 이슈에 대한 레벨테스트 평가기준

그림 3.3 서스틴베스트 ESG 점수 측정체계

게 ESG 평가요소를 평가하고 ESG 관련하여 논란이 될 수 있는 이슈(controversial issue)가 발생할 경우 점수를 차감하는 방식으로 구성되어 있다.

ESG 평가 프로세스 및 결과에 대한 논의사항

ESG의 평가요소는 비재무, 비정형 데이터이고 평가기관별 평가기준이 다를 수밖에 없으며, 평가결과에 대해 논쟁 사항이 존재한다. 〈그림 3.4〉는 FTSE와 MSCI 두 기관에서 평가한 430개 일본 회사의 평

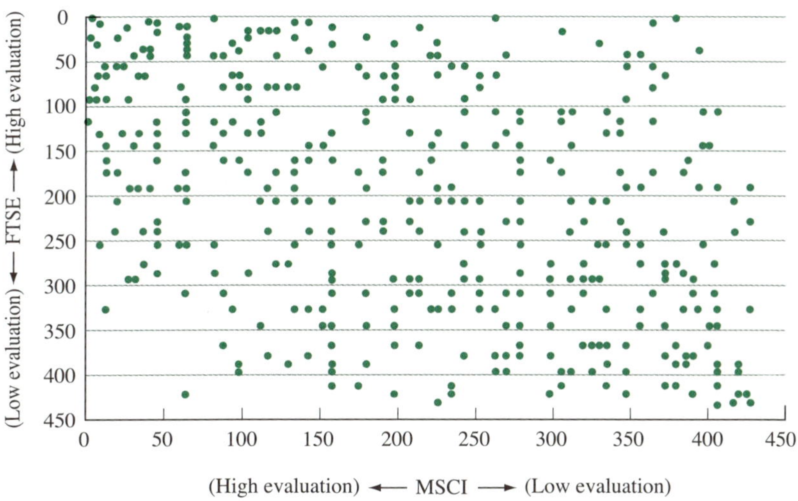

주 1) 종목 유니버스: FTSE와 MSCI 모두 ESG를 평가한 430개 일본 회사
주 2) 도표 위에 점들은 각 회사의 ESG 평가 순위를 나타냄

그림 3.4 MSCI vs FTSE

가순위를 도표에 점으로 표시한 것으로 동일한 회사에 대한 평가결과가 매우 상이하다는 것을 보여준다.

이러한 결과가 나오는 이유는 〈표 3.7〉과 같이 대형주에 편중되거나 평가방법, 지역별 편차 등이 이슈로 제기되기 때문이다. 따라서 투자자와 평가기관 간 커뮤니케이션 및 세부의견 공유, 평가방법에 대한 투명성, 평가지수에 대한 평가방법론 등이 필요한 상황이다.

표 3.7 ESG 평가에 대한 이슈

구분	내용
대형주 편중 효과	· 자본력이 있는 대기업일수록 ESG 공시자료 준비를 위한 인력 등의 자원 활용이 용이 · 따라서 ESG 평가 시 높은 점수를 받는 경향이 있음
평가기법의 단순화	· ESG 평가 시 개별기업 위험을 고려하지 않은 산업별 표준화 및 지나친 단순화가 결과를 왜곡 · 특정 업종 또한 편중되는 효과 발생. 화석연료 등을 사용하는 전통적인 에너지 업종은 ESG 등급을 낮게 받을 수밖에 없음
지역별 편차	· 공시요건이 까다로운 지역의 기업 ESG 평가점수가 타 지역보다 높은 경향 · 유럽 펀드매니저의 58%가 ESG 투자의 중요성을 느낀다고 답한 반면, 미국 매니저는 14%에 불과 → 지역별 평가 편차로 이어짐
등급 산정 모델의 불투명성	· ESG 평가 세부 항목에 대한 방법론은 대부분 비공개 · 이용자들(투자자, 운용사)은 보다 구체적인 방법론에 대한 설명 요구 · 피평가 회사와 평가 회사 간의 유착과 같은 모럴 해저드 위험도 지적됨

ESG 평가의 미래

AI, 빅데이터 분석 기술의 활용

ESG 평가에 있어 최근 떠오르는 이슈 중 하나는 글로벌 평가기관 중심으로 AI와 빅데이터를 활용한 분석 기술의 증가를 꼽을 수 있다. ESG 평가요소는 기본적으로 재무 데이터(수익성, 안정성, 성장성, 가치화)처럼 수치화하기 어려운 비정형 데이터로 존재하는 경우가 대부분이다. 따라서 기업에서 공시하는 지속가능경영보고서 및 뉴스, CEO 인터뷰, SNS 및 인터넷에서의 기업에 대한 평판 등을 시스템으로 수집하여 평가하기 위한 자연어 처리, 텍스트 마이닝과 웹 마이닝 등의 빅데이터 기술을 활용하고자 하고 있다.

그림 3.5 빅데이터 및 AI를 활용한 ESG 평가

ESG 이슈에 따른 투자의 변화에 대한 연구 필요 제기

과거 실제 녹색경영은 실천하지 않으면서 이미지만 녹색기업인 것처럼 행세하는 그린워싱이 문제가 된 적이 있다. ESG 평가에서도 특정 기업이 ESG 평가 알고리즘에만 맞춰서 의도적으로 보고서 및 미디어를 조정하여 ESG 평가만 잘 받으려는 시도가 지적되기도 한다. 예를 들면, 결함, 소송 등 특정 단어가 미디어에 노출되면 주가에 부정적인 영향을 끼치기에 다른 단어로 대체하여 사용할 수도 있을 것이다. 그러나 ESG 투자는 이러한 여러 가지 이슈에도 불구하고 지속적으로 확대될 것으로 보고 있다. ESG 평가기관의 방법론을 정확하게 이해하고, ESG가 기업환경에 미치는 영향 등을 파악하여 글로벌 ESG 확대에 대비하여야 할 것이다.

그림 3.6 Green Washing

02 국외 ESG 경영 우수 조직 사례

마이크로소프트의 "기술로 만들어가는 더 나은 미래"

AI를 통한 사회문제 해결

'AI for Good'은 건강과 환경, 문화적 유산 등 사회 이슈를 해결하고자 개발된 AI 프로그램이다. 마이크로소프트는 AI for Good을 통해 인공지능을 구현하여 다양한 해결방안을 제시하고, 연구기관 및 비영리단체에 기술과 자금을 지원하여 사회적 이슈를 해결하고자 하고 있다. 인공지능을 통해 많은 양의 데이터를 분석하여 각종 사회적 이슈를 예측하며 예방하는 것을 목표로 하고 있다.

2020년에는 건강문제를 해결하고자 마이크로소프트는 'AI for Health' 프로그램을 시작하였다. 질병의 예방, 진단, 치료뿐만 아니라 건강문제에 관한 연구 및 건강 불평등 완화 등 세 가지 분야를 중점적으로 다루었다. AI for Health는 AI for Good의 일환으로 추진하고 있는 다섯 번째 프로그램으로서, 5년간 4천만 달러(약 450억 원)

가 투입될 계획이다. AI가 질병 문제를 해결한 대표 사례로서 당뇨망막병증에 대해 자세히 살펴보도록 하자.

전 세계의 당뇨망막병증을 앓을 수 있는 인구는 약 4억 6,300만 명에 달하는 데에 반해, 안과 의사는 약 21만 명밖에 존재하지 않는다. 바꿔말하면, 안과 의사 한 명당 약 2,200여 명을 검사해야 한다는 이야기이다. 특히 의료 인프라가 부족할 수밖에 없는 개발도상국에서는 의사 1인이 검사해야 하는 환자 수가 더욱 많아지게 된다. 그러나 AI 진단 시스템을 활용하여 당뇨망막병증을 검사하게 된다면 더욱 효율적인 검사가 가능해지고, 조기 진단을 통해 질병에 대한 예방과 치료가 가능하다. 이 밖에도 복잡하고 다양한 건강과 질병에 대한 데이터를 분석하여 연구기관 및 단체에 분석데이터를 제공하고, AI 건강 관련 스타트업 지원을 하는 등 더 건강한 사회를 구현하고자 앞장서고 있다.

마이크로소프트의 또다른 프로그램인 'AI for Cultural Heritage'는 AI를 활용한 문화유산을 보호 및 보전하는 프로그램이다. AI for Cultural Heritage를 활용하여 보존한 문화유산 중에는 '언어'를 대표적으로 꼽을 수 있다. 유네스코에서는 현재 존재하는 언어의 약 3분의 1은 언어 이용자가 천 명 미만으로, 2주에 한 개꼴로 언어가 잊혀진다고 한다. 사라질 위기에 있는 소수 이용 언어를 보호하기 위하여 마이크로소프트의 AI 번역 플랫폼을 활용하였다. 정부와 연구기관과 협력하여 언어 데이터를 수집하고, AI를 통해 분석 후 실제 소수언어 사용자의 검증을 통해 고대 마야 문명에서 사용되었던 유카텍어, 오토미족이 사용하였던 오토미어, 이누이트족이 사용하였던 이누크티투트어 등이 마이크로소프트 AI 번역 플랫폼에 추가되었다. 언어란 해당 언어를 사용하는 사회의 역사와 문화를 담고 있다. 대한민국에서도 일제강점기 당시 한글을 사용하지 못했던 역사를 생각한다면 언어의 소멸은 더욱 깊이 생각해 볼 문제이며, 향후 소수언어가 잘 보존되어 해당 민족의 문화와 역사가 지속될 수 있기를 희망한다.

정보통신 인프라 격차 해소

요즘은 PC나 스마트폰과 같은 다양한 IT 기기를 활용하여 인터넷을 사용하곤 한다. 그런데 갑자기 인터넷이 연결되지 않는다면? 이런 경험은 주로 해외여행 중에 겪을 수 있다. 다른 도시로 이동하기 위해서는 길 찾기도 해야 하며, 승차권을 예매하기도 하고, 숙소도

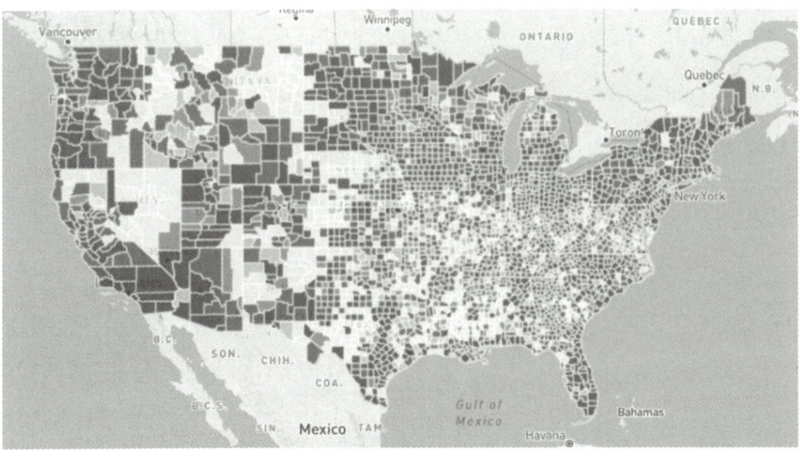

그림 3.7 미국의 인터넷 통신망 분포 지도

예약해야 하는데 인터넷이 안 되면 아무것도 할 수가 없을 것이다. 코로나19로 인해 비대면이 일상이 된 요즘, 인터넷을 할 수 없다면 재택근무뿐만 아니라 비대면 수업도 불가능할 것이다. 이제 인터넷은 현대인에게 전기나 물과 같이 필수적인 인프라가 되었다.

우리는 인터넷 인프라를 당연하게 활용하고 있지만 그것이 모든 이에게 해당하는 것은 아니다. 이는 선진국이라고 하는 미국의 경우만 해도 그렇다. 〈그림 3.7〉은 미국의 인터넷 통신망 분포 지도인데, 색이 짙을수록 보급률이 높으며, 색이 연할수록 보급률이 낮음에 가깝다는 것을 의미한다. 미국 동서부 연안의 인근 도시 지역의 경우 짙은 색의 비율이 높으나, 내륙 지역에는 색이 상당히 연하다는 점을 알 수 있다. 흔히 선진국이라고 생각하는 미국도 지역별로 인터넷 인프라 격차가 심한 것이다. 이러한 문제를 해결하기 위하여 마이크로소프트는 2017년 농촌 · 시골지역의 인터넷 인프라 확충을 위한 Airband 프로그램을 시작하였다. 마이크로소프트는 2022년 7월까지 5년에 걸쳐 약 3백만 명에게 인터넷 인프라를 보급하고자 정부기관 및 인터넷 서비스 사업자와 협력하고 있다.

캘리포니아 하면 떠오르는 이미지는 주로 대도시인 LA를 생각하기 쉽지만, 미국에서 생산되는 채소 및 과일의 50%가 캘리포니아에서 재배될 정도로 캘리포니아는 넓은 농토를 보유한 곳이다. 그러다 보니 넓은 농지에 집 한 채만 덩그러니 있는 곳이 많을 뿐만 아니라, 인터넷을 설치하는 비용 또한 가격이 높아져 사람들이 인터넷 인프라를 사용하지 못하고 있었다. 인터넷 인프라를 사용하지 못한다는 것은 포털 검색을 하지 못하는 것만을 의미하지 않는다. 캘리포니아에서 자주 일어나는 산불에 대한 정보를 실시간으로 확인하지 못하고, IoT와 같은 각종 기술을 활용한 스마트팜 기술도 활용하지 못하니 경쟁력에서도 뒤처질 수밖에 없다. 마이크로소프트는 연방통신위원회(Federal Communication Commission)와 협력하여 Cal.net을 지원함에 따라 더욱 저렴하고 안정적인 인터넷 인프라를 설치하여 미국 농촌 지역의 인터넷 접근성을 개선하였다.

2019년에는 Airband 프로그램을 해외로 넓혔으며, 2022년까지 약 4천만 명에게 인터넷을 보급할 계획으로 아시아, 아프리카, 라틴아메리카 등의 지역에 중점적으로 지원하고 있다. 특히 아프리카 가나에서는 지역 인터넷 사업자인 Bluetown과 협력하여 인터넷 보급에 나서고 있는데, 하루 생활비가 약 5달러(약 6,000원)에 불과한 가나에서 각 가정에 인터넷 인프라를 제공하는 것은 어려운 일이었다. 이에 착안하여 Bluetown과 마이크로소프트는 정부기관, 학교 등 공공시설물에 인터넷을 보급하였고, 해당 시설을 사용하는 주민들이 혜택을 볼 수 있도록 하였다. 이와 같이 인터넷 인프라를 보급하는 것은 단순히 개인을 온라인과 연결할 뿐만 아니라, 온라인을 통해 사용자가 콘텐츠 및 기술을 배움으로써 경제적·사회적으로 보다 나은 삶을 개척하는 데 기초가 될 수 있다는 점에서 의의가 크다.

미래 세대에 필요한 핵심기술 교육 제공

이제 컴퓨터 관련 기술은 미래 세대에서 살아가기 위한 필수기술이

되었다. 최근 이공계에서는 STEM(Science, Technology, Engineering, Math)이 주목받고 있으며, 차세대 산업을 이끌게 되는 핵심 전공으로 전망하고 있다. 마이크로소프트는 STEM과 연관된 직종 중 약 58%가 컴퓨터 기술과 관련이 있지만, STEM 전공자 중 약 10%만 컴퓨터 관련 산업에 재직한다는 걸 발견하고, 미래 4차 산업을 이끌어갈 인재를 양성하고자 하였다.

마이크로소프트는 우선적으로 학교를 통한 교육프로그램을 시행하고자 하였으며, 먼저 학생들을 지도하는 교사들이 컴퓨터 관련 지식을 갖추도록 하였다. 마이크로소프트는 교사들에게 트레이닝 및 교재를 제공하여 교사가 학교에서 학생들을 지도할 수 있는 역량을 갖출 수 있도록 지원하였다. 또한 마이크로소프트는 고등학생을 대상으로 커리큘럼을 제공하여 교사들이 해당 커리큘럼에 따라 전문 자원봉사자와 함께 강의 및 실습을 진행하도록 하였다. 학생들은 해당 수업을 통해 컴퓨터과학 기초부터 시작하여 AI, 빅데이터, 정보보안까지 다양한 학습을 제공하고 프로젝트까지 진행하도록 지원하였다.

마이크로소프트는 2020년에서 2021년까지 미국과 캐나다의 455개 학교에서 만여 명의 학생을 대상으로 컴퓨터 교육프로그램을 제공하는 계획을 수립하였다. 이와 함께할 650개 기업에 재직하는 컴퓨터 관련 전문가 중 1,500명의 자원봉사자를 선발하여, 이들이 보유한 전문 지식과 기술을 전달함으로써 미래 세대에 걸맞은 인재 양성에 나설 예정이다.

월트디즈니의 "꿈이 현실이 되는 곳"

"봉사활동을 하면 디즈니랜드 입장권을 드립니다."

허위 광고 같은 멘트지만 실제로 2010년, 월트디즈니에서 실행하였던 프로그램이다. 'Give a Day, Get a Disney Day'라는 프로그램으로서, 하루 동안 봉사활동을 하면 디즈니랜드 입장권을 제공하는 프로그램이었다. 월트디즈니는 봉사활동 장려를 위하여 비영리단체인 핸즈온네트워크(Hands-On Network)와 협력하여 월트디즈니 홈페이지 내에 참여할 수 있는 봉사활동 목록을 게시하였다. 사람들은 해당 목록 중 참여하고 싶은 봉사활동을 선택하여 자원봉사를 완료한 후 핸즈온에서 봉사활동 참여를 인증해주면 미국 전역에 있는 디즈니랜드 중 한 곳의 입장권을 배포하였다.

2010년 1월 1일 시작하여 1년 동안 운영될 예정이었던 본 프로그램은, 100만 장의 무료입장권이 단 67일 만에 모두 소진되면서 종료되었다. 석 달도 안 되는 짧은 기간 동안 월트디즈니는 100만여 명이 봉사활동에 참여하도록 한 성과를 거두었다. 월트디즈니는 지역사회의 봉사활동 참여도를 높이고, 기업시민으로서 사회적책임을 이행하는 이미지까지 얻을 수 있었다.

하지만 월트디즈니가 얻은 효과는 단순한 평판에 관한 내용만은 아니었다. 무료 입장권을 배포함으로서 월트디즈니는 수익도 창출할 수 있었다. 디즈니랜드에 무료로 왔다는 만족감을 통해 사람들이 디즈니랜드를 즐기는 데 더 많은 소비를 하였기 때문이다. 또한 시내에서 멀리 떨어진 디즈니랜드의 특성상 먼 곳에서 방문하는 사람은 월트디즈니 리조트에 숙박함으로써 추가 수익을 창출할 수 있었다. 이와 같이 단순한 월트디즈니는 사회공헌활동을 넘어, 고객에게는 봉사활동으로 인한 만족감뿐만 아니라 디즈니랜드에 대한 경험 역시 선사한 것이다. 나아가 좋은 평판을 얻음과 함께 디즈니랜드 방문 고객을 늘려 수익 또한 창출하였으니, 사회공헌활동과 비즈니스 모델이 합쳐진 ESG 중 사회적가치창출에 대한 좋은 사례라고 볼 수 있다.

병으로 고통받는 아이들에게 희망을

월트디즈니는 병으로 고통받고 시달리는 아이들에게 꿈과 희망을 줄 수 있는 지원프로그램을 실시하고 있다. 아이들에게 있어서 만화영화의 주인공은 누구보다도 좋은 친구이자 대단한 영웅이 되기도 한다. 월트디즈니는 자사의 캐릭터 상품을 기부하고, 캐릭터들이 직접 병원에 방문하여 꿈과 응원의 메시지를 전달하는 방식으로 아이들에게 희망을 주고 있다.

월트디즈니는 'Disney Toy Delivery' 프로그램을 통해 미국, 캐나다 지역의 450개의 소아과 병동에 매년 3백만 달러의 디즈니 제품을 기부하고 있다. 또한 2018년부터 5년간 약 1억 달러를 투자하여 'Disney Team of Heroes'라는 프로그램을 개발하였으며, 월트디즈니 캐릭터들이 소아병동을 직접 방문하여 병마에 지친 아이들에게 꿈과 희망을 심어주고 있다. '토이스토리 4' 개봉을 앞둔 2019년에는 토이스토리의 캐릭터들이 병원을 방문하여 환자와 가족들에게 장난

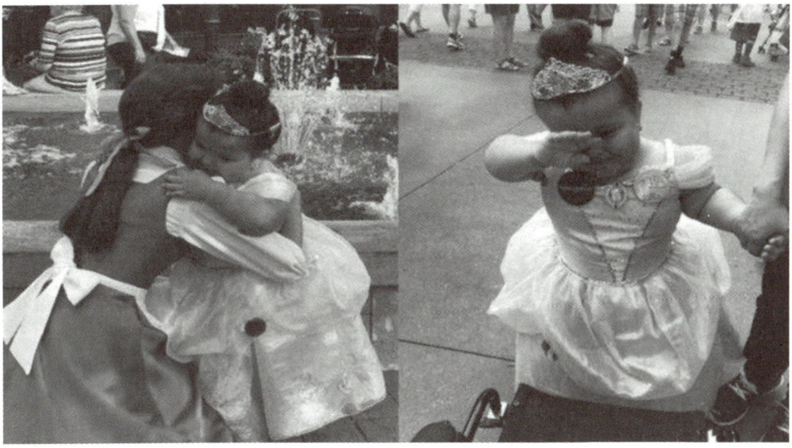

그림 3.8 Make-A-Wish 활동 사진

감을 직접 전달해주는 프로그램을 진행하기도 하였다. 월트디즈니는 본 프로그램들을 통하여 투병 생활을 겪는 아이들과 가족들의 어려움을 달래주는 한편, 즐거움과 편안함을 선사하고자 노력하고 있다.

1980년부터 시작된 'Make-A-Wish'는 난치병을 앓고 있는 아이들의 소원을 들어주는 프로그램이다. 월트디즈니는 아이들이 꿈꿔왔던 일들을 이루어 주는 것도 치료의 하나라고 생각하였고, Make-A-Wish 프로그램을 통하여 세계 50여 개 국가에서 약 45만 명의 아이들의 소원을 이루어 주었다. 위의 사진은 선천성 질병을 앓고 있는 7살 아이가 자신이 가장 좋아하는 월트디즈니의 캐릭터인 벨(미녀와 야수)을 만나고 기쁨의 눈물을 흘리는 모습이다. 월트디즈니는 소원을 이루게 되는 경험을 통하여 아이들이 병마의 두려움에서 벗어나 자신감을 가지게 되고, 슬픔과 걱정보다는 꿈과 희망을 안고 치료에

임하게 될 수 있다고 이야기한다.

'이야기'를 통한 청소년 교육

월트디즈니의 주요 사업의 테마는 이야기를 활용한 비즈니스이며, 핵심 역량인 이야기를 아동과 청소년 교육에 활용하였다. 대표적인 프로그램으로는 'Musicals in Schools'를 꼽을 수 있는데, 이 프로그램은 초등학생용으로 제작된 30분짜리 디즈니 뮤지컬에 대하여 공연 저작권을 포함한 대본, 음악, 리허설 등이 담긴 키트를 제공한다. 학교 선생님은 뮤지컬 전문가와 함께 한 학기 동안 아이들과 직접 뮤지컬을 제작하게 된다. 배우 역할을 하는 아이들부터 시작하여 백스테이지에서 뮤지컬 제작을 지원하는 아이들까지 모든 아이는 극장에서 뮤지컬을 계획하고 공연하는 경험을 통해 창의력과 협동심, 문제해결, 커뮤니케이션 등 다양한 능력을 기를 수 있도록 프로그램을 제작하였다. 2009년 시작된 본 프로그램은 388개 학교에서 43,000여 명이 신데렐라, 정글북, 알라딘과 같은 유명 디즈니 뮤지컬 공연에 참여하였다.

그밖에도 월트디즈니는 2012년부터 비영리단체인 'Young Storytellers'를 지원하고 있다. Young Storytellers는 청소년들이 본인이 가지고 있는 각자의 이야기를 글과 공연으로 제작함으로써, 창의력과 상상력을 발현하고 자신감을 가질 수 있도록 지원하는 프로그램이다. 본 프로그램에 참여하는 학생들은 디즈니 소속 배우로부터 1대1 코칭을 받을 수 있으며, 본인만의 이야기를 만드는 방법을 배우게 된다.

제작된 이야기가 공연으로 만들어지게 되면 디즈니 소속의 배우들이 직접 공연에 나서기도 한다. 본래 직접 대면으로 진행되었던 본 프로그램은 코로나19로 인해 온라인으로 멘토링을 지속하고 있다고 한다. 코로나19의 여파로 프로그램을 중지하는 것이 아니라, 그룹 영상통화를 활용하여 각자의 대본을 읽으며 온라인 공연을 준비하고 있다고 한다.

이케아의 "많은 사람을 위한 더 좋은 생활"

'People & Planet Positive'

이케아의 창업주인 잉바르 캄프라드(Ingvar Kamprad)는 '낮은 가격으로도 멋진 디자인과 실용성을 갖춘 제품을 충분히 판매할 수 있어야 한다.'는 신념으로 이케아를 창업하였다. 그러나 이케아의 비전

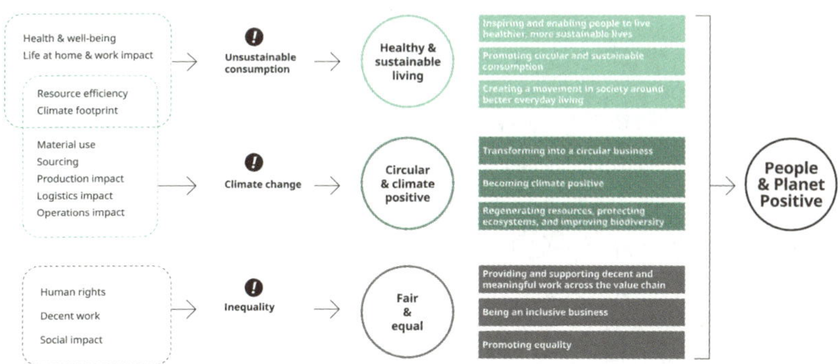

그림 3.9 IKEA의 People & Planet Positive 전략

은 단순하게 좋은 품질의 제품을 저렴한 가격에 판매하는 것이 아니다. 자원순환을 통하여 기후변화에 대응하고 긍정적인 사회적 변화를 끌어내는 것이 바로 이케아의 목표이다. 이를 위하여 지속가능성에 대한 개념의 높지 않았던 2012년부터 이케아는 'People & Planet Positive(사람과 지구 친화적)'라는 지속가능경영전략을 수립하고 장기적인 로드맵을 구축하였다.

이케아의 지속가능경영전략에서는 사업에 큰 영향을 미칠 수 있는 세 가지 핵심 분야에 대해 중점적으로 다루었는데, 첫째는 '건강하고 지속가능한 생활(Healthy & Sustainable Living)', 둘째는 '자원순환 및 기후변화 대응(Circular & Climate Positive)', 셋째는 '공정과 평등(Fair & Equal)'이다.

건강하고 지속가능한 생활

일상에서의 사람들이 건강하고 지속가능한 환경을 구현하기 위해서는 소비자들이 환경에 나쁜 영향을 끼치지 않고 집을 꾸밀 수 있도록 해야 한다. 이케아는 환경친화적이고 저렴한 가구를 생산하고자 에너지, 폐기물 감소와 물 절약, 공기청정 및 재생에너지 기능이 있는 500여 개의 라인업을 구성하였다. 2015년부터는 매장에서 소비전력이 낮으면서도 더 오래 사용할 수 있는 LED 전구만을 판매하고 있다. 그밖에도 분리수거를 더 효율적으로 할 수 있도록 하는 분리수거 통을 개발하였고, 물 사용량을 40%까지 줄여주는 특수 워터탭 등을 개발하여 고객들이 집에서 사용하는 제품들이 환경친화적 요소를 갖추도록 지원하였다.

이케아는 지구의 지속가능성을 위해 원재료가 지속가능성을 포함하여 조달하고 있는지, 원재료 생산과 가공 과정에서의 인권과 노동환경이 잘 지켜지고 있는지 세밀하게 검토하고 있다. 대표적으로 목화솜은 침대, 소파, 쿠션 등 이케아의 다양한 제품에 사용되는 주요 소재 중 하나이다. 그러나 기존의 목화 재배 방식은 많은 양의 화학비료와 물을 사용하여 환경과 근로자 모두에게 좋지 않은 영향을 미쳤다. 이케아는 목화솜을 보다 지속가능한 방법으로 조달하고자 'Better Cotton' 프로젝트를 시작하였다. 이를 위하여 실습교육과 직업학교를 통해 약 11만 명의 농부들에게 지속가능한 농법을 교육하여 농사 비용을 절약함과 동시에 수익성과 작업 환경을 모두 개선할 수 있도록 하였다. 2015년 9월부터는 제품에 사용하고 있는 목화솜과 면을 지속가능성이 반영된 공급처로부터 받고 있으며, 농가와 환경뿐만 아니라 사회의 지속가능한 발전에 기여하고 있다.

자원순환 및 기후변화 대응

이케아는 더욱 건강하고 지속가능한 삶을 만들고자, 에너지 절약 솔루션을 도입하였고 재생에너지에 투자하며 탄소배출량을 감축하고자 하였다. 이를 위해 매장 및 생산공장에 풍력발전기와 태양광 패널을 설치하여 재생에너지를 사용하였으며, 2019년을 기준으로 약 96만 톤의 탄소배출량을 감축할 수 있었다. 또한 매장에서는 LED 전구를 설치하고 스마트 환기 시스템, 바이오가스 보일러를 설치하여 친환경 냉난방장치를 갖췄다. 제품을 배송하는 과정에서 발생하는 탄소 배출량을 감축시키기 위해 전기차 도입을 하고 있으며, 중국 상하이를 포함한 일부 도시에서는 모든 배송을 전기차를 통해 실시하고 있다.

과거 이케아는 저렴한 가격을 앞세워서 충동 구매와 과잉 소비를 부추기고 있으며, 버려지는 가구 쓰레기가 늘어나게 하는 기업이라고 비판을 받기도 하였다. 이를 해결하기 위해 '재사용(Reuse)', '수리(Refurbishment)', '재생산(Remanufacturing)', '재활용(Recycling)'을 기본으로 하는 자원순환 전략인 4R 전략을 수립하여 디자인 단계부터 4R을 기반으로 제품을 설계하고 있다. 예를 들어, 조립식 소파를 설계할 경우 각 파트를 모듈화하여 커버나 옵션 등을 취향에 따라 변경하여 제품을 버리는 것이 아니라 계속해서 수정하여 다시 사용할 수 있

그림 3.10 IKEA MINNEN 침대

도록 하는 것이다.

다른 사례로는 〈그림 3.10〉의 MINNEN 침대가 있다. 얼핏 살펴보면 일반 아동용 침대로 보이지만, 본 침대는 프레임의 길이를 조절할 수 있도록 설계되어 있다. 따라서 빠르게 자라나는 아이들의 성장 속도에 맞추어 제품을 오랜 시간 동안 사용할 수 있다. 바로 제품의 수명을 길게 하여 지속가능한 환경을 생각한 것이다. 이케아는 제품 포장을 줄이고, 환경을 고려한 설계를 함에 따라 조립이 어려워 '불편함을 판다'는 비판을 받기도 하였다. 그러나 오랫동안 사용할 수 있는 제품을 시장에 선보임에 따라 이케아는 더욱 사랑받는 가구 브랜드로 거듭날 수 있었다.

공정과 평등

더 많은 사람이 '공정과 평등'을 누릴 수 있는 사회를 구성하고자 이케아는 공급업체 및 지역사회 등 다양한 이해관계자들과 소통하였다. 대표적인 사례로 이케아의 공급업체가 지켜야 하는 행동규범인 'IKEA Way(IWAY)'가 있다. IWAY에는 유엔세계인권선언문, 아동권리협약 등 인권 및 노동기준에 대해 준수해야 할 주요 국제 문서를 기반으로 환경과 사회, 근무조건 등에 관한 최소한의 필요조건이 명시되어 있다. 이에 따라 공급망 내 아동노동 및 강제노동 등을 금지하였으며, 노동자의 휴식시간 보장을 의무화하였을 뿐만 아니라 공급업체에 대해 이케아가 감사(監査)를 하고 있다. 만약 공급업체가 행동규범을 준수하지 못했을 시에는 해당 문제를 해결하기 위한 행동에 나설 수 있도록 하였다. 그럼에도 문제가 해결되지 않았을 때는 공급업체와의 거래를 중단할 수 있다. 이와 같이 IWAY를 통해 공급업체는 '공정과 평등'이라는 가치를 공유하고, 이케아와 함께하는 협력업체 노동자들의 권리를 지키며 리스크를 관리하고 있다.

그 밖에도 이케아는 'IKEA Social Entrepreneurship'이라는 프로젝트를 통해 지역사회의 빈곤퇴치, 인권 신장 등 각종 사회적·환경적 문제를 해결하고자 하는 사회적기업을 지원하고 있다. 특히 사회적기업에게 단순한 재정적 지원을 하는데 머무르지 않고, 수공예 전문 사회적기업의 제품을 이케아 매장에서 판매하고 있다. 일례로 인도의 사회적기업인 랑수트라(Rangsutra)에 소속된 1,000여 명의 수공예 장인들은 쿠션 및 각종 소품을 만들어 이케아에 납품하고, 태국의 사회적기업인 도이퉁 DP(Doi-Tung DP)는 수제 도자기, 종이 관련 제품을 선보이고 있다. 이케아의 사회적기업과의 협력을 통한 사회문제 해결은 지역사회의 동반성장과 고용 창출에 대한 좋은 사례라고 할 수 있다.

로레알의 "아름다움을 공유하는 기업"

로레알의 철학, '모두와 아름다움을 공유하다'

로레알그룹은 2013년 지속가능경영 프로젝트를 통해 'Sharing Beauty With All' 전략을 수립하여 상품 기획, 디자인, 유통, 생산과정, 원재료 등 가치사슬의 모든 단계에서 지속가능성 달성을 위해 노력해 왔다. 과거에는 단순히 원료를 식물추출물로 변경하는 등 지속가능성을 단편적으로 실행하였으나, 2020년을 기준으로 매출액 280억 유로(약 37조 6,500억 원), 종업원 88,000여 명에 달하는 글로벌 기업, 로레알의 지속가능성 목표 달성을 위해 원재료 조달 방식부터 포장에 사용되는 원자재까지 다양한 분야를 고려하여 전략을 수립하였다.

로레알그룹은 지속가능성 달성을 위한 핵심 분야를 네 가지로 선정하고 각 분야의 목표를 수립하였다. '혁신(Innovating)' 분야에서는 신제품과 리뉴얼된 제품들이 환경적·사회적으로 미칠 수 있는 부정적 영향을 최소화하도록 하였으며, 생산(Producing) 분야에서는 제품 생산과 운송 과정에서 배출되는 탄소배출량과 폐기물을 감축하고자 하였다. '삶(Living)' 부문에서는 로레알그룹의 모든 제품에 대한 환

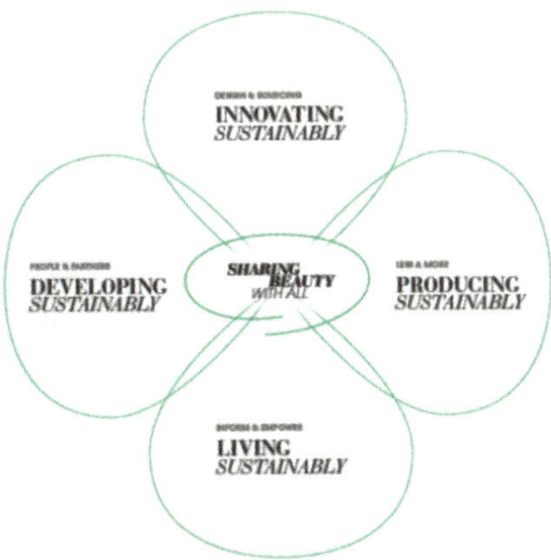

그림 3.11 로레알그룹의 지속가능경영 프로젝트, 'Sharing Beauty With All'

경적·사회적 영향에 대해 측정하고 해당 정보를 고객에게 공시하였으며, '발전(Developing)' 부문에서는 가치사슬에서의 협력업체 관리, 취약계층 일자리 창출, 임직원복지 향상 등 지역사회·공급업체·임직원의 지속성장을 위해 노력하였다.

탄소배출량 감축을 통한 지속가능한 환경 조성

세계 500대 녹색기업에서 1위를 차지한 바 있는 로레알그룹의 환경 분야를 살펴보면, 탄소배출량을 2005년에 대비하여 2020년까지 60% 이상 감축하겠다는 목표를 세운 바 있다. 이를 위하여 미국 켄터키주와 알칸사스주에 위치한 생산공장에 태양광 발전시설을 도입하였으며, 댈러스의 물류센터에 12개의 풍력발전기를 설치하여 신재생에너지를 적극적으로 도입하고 있다.

로레알 화장품에서 매우 많이 사용되는 시어버터의 주요 생산지는 부르키나파소인데, 시어버터를 추출하기 위해서는 해당 열매를 고온에서 볶아야 한다. 로레알 그룹은 이 과정에서 다량의 나무를 베어 땔감으로 사용하여 매년 약 10만 헥타르의 산림이 훼손되는 것을 파악하였다. 로레알그룹은 부르키나파소의 임직원을 교육하고, 나무 땔감을 사용하지 않는 스토브를 해당 공급망에 보급하여 산림 훼손을 줄이고 해당 공정에서 배출되는 탄소배출도 감소시킬 수 있었다.

또한 물류의 운송 방식에도 변화를 시행하였다. 로레알 그룹은 연구를 통해 전체 운송량의 1%를 담당하는 항공운송이 그룹 총 탄소배출량의 30% 이상을 차지하고 있는 것을 파악하여 항공운송량을 줄이기로 하였다. 그 밖에도 2003년에는 유럽 최초로 10톤 전기 트럭을 사용하는 등 친환경 차량을 적극적으로 도입하여 도로에서 배출되는 탄소를 줄이기 위해 노력하였다. 이러한 노력을 통해 2005년부터 2016년 사이의 로레알 그룹 제품 생산량은 29% 증가하였지만, 같은 기간 온실가스 배출량은 69% 감소하였으며, 2020년에는 81%나 배출량을 감축하는 성과를 창출하였다.

플라스틱 포장재 줄이기

로레알그룹의 제품에 사용되는 전체 포장재의 약 60%가량이 플라스틱으로 구성되어 있으며, 2018년 기준으로 약 14만 톤의 플라스틱을 사용하였다. 로레알그룹은 환경적 영향을 최소화하기 위한 프로젝트를 실시하였고 제품의 환경적 영향을 의미하는 환경발자국을 파악한 결과, 50%가 포장재와 관련이 있다고 파악하였다. 로레알 그룹은 2025년까지 100% 리필 가능하고, 재활용이 가능하거나 분해성 플라스틱 포장재를 사용하는 목표를 수립하여 환경적 영향을 최소화하고자 하였다.

로레알그룹은 '3R(Respect, Reduce, Replace)'을 수립하였으며, 첫 번째로 'Respect'에는 소비자의 건강과 안전, 그리고 생물 다양성에 대한 존중의 의미를 부여하였다. 이를 실천하기 위하여 화장품 내용물과 직접 접촉하는 포장재에 대해서는 식품 포장 기준(Food grade)을 준수하고, 포장재에 사용되고 있는 PVC 관련 성분을 모두 제외하였다. 'Reduce'는 포장재의 양과 크기를 줄이겠다는 것을 뜻하며, 리

그림 3.12 로레알-알베아가 공동 개발한 세계 최초의 종이 포장 튜브

필을 활성화할 수 있도록 용기 재사용이 가능하도록 제품을 디자인하였다. 'Replace'는 포장재를 구성하는 재료를 대체하는 것으로서, 포장재에 친환경 'PCR(Post-Consumption Recycled) 플라스틱' 또는 '재생가능한 바이오 플라스틱'을 사용하고자 하고 있다.

플라스틱 포장재 감축을 위해 로레알그룹은 2019년, 알베아와 공동으로 연구하여 세계 최초 종이 기반 포장 튜브를 개발하였다. 로레알은 2020년에 본 포장재를 활용한 제품을 출시하며 플라스틱 포장재를 퇴출하기 위해 노력하고 있다. 이에 대한 성과로 2019년, 새 플라스틱(Virgin Plastic)과 같이 재활용되지 않은 플라스틱의 사용을 약 13,000톤가량 줄일 수 있었다.

'보다 나은 삶을 위한 아름다움(Beauty For a Better Life)'

로레알그룹은 기업 특성상 여성과 지역사회의 지원에 앞장서온 기업이기도 하다. 화장품 산업의 주요 고객층이 여성이기도 하며, 뷰티 제품을 통하여 창출하는 아름다움이 여성들의 보다 나은 삶에 도움을 줄 수 있다는 철학이 있었기 때문이다. 로레알그룹의 여성 지원 프로그램인 'Beauty For a Better Life'는 이러한 철학에서 시작되었다.

로레알그룹은 세계 25개국에서 헤어 및 메이크업 기술 교육을 실시하였다. 해당 무료 직업 교육 프로그램에는 사회적·경제적으로 어려움을 겪고 있는 여성, 가정폭력 피해자, 청년 노숙자, 학교 중퇴자 등이 참여하였으며, 2018년을 기준으로 총 5,565명이 본 프로그램을 통해 취업하였다.

또한 전문 테라피스트를 양성하여 외모(질병, 사고, 노화 등)나 심리 또는 사회적인 문제로 인해 심리적으로 고통받고 있는 사람들을 위한 뷰티 트리트먼트 프로그램을 시행하고 있다. 일례로 암 환자는 치료 과정에서 탈모나 홍조, 건성 피부와 같은 외모적·신체적 문제에 부딪치게 되는데, 로레알의 전문 테라피스트들은 암 환자에게 문제에 대응할 수 있도록 조언을 하고 있다. 또한 로레알은 범죄에 노출되거나 직장을 잃는 등 사회적으로 불안정한 상황에 있는 사람들에게도 도움을 주고 있다. 이렇듯 로레알은 뷰티 및 헤어, 이미지 변화에 대한 강좌나 조언을 통해 어려움에 처한 사람들의 자신감 회복을 도와 사회에 복귀할 수 있도록 지원하고 있으며, 2017년을 기준으로 약 15,000명에게 전문 테라피스트를 통해 교육 및 조언과 도움을 제공하며 사회적 약자를 지원하고 있다.

03 국내 ESG 경영 우수 조직 사례

ESG에 가장 앞장서고 있는 금융권

신한금융의 '미래를 함께하는 따뜻한 금융'

신한금융은 '금융의 힘으로 세상을 이롭게 한다'는 미션을 통해 금융의 긍정적인 영향력, 'FINANCE for IMPACT'를 ESG 경영 원칙으

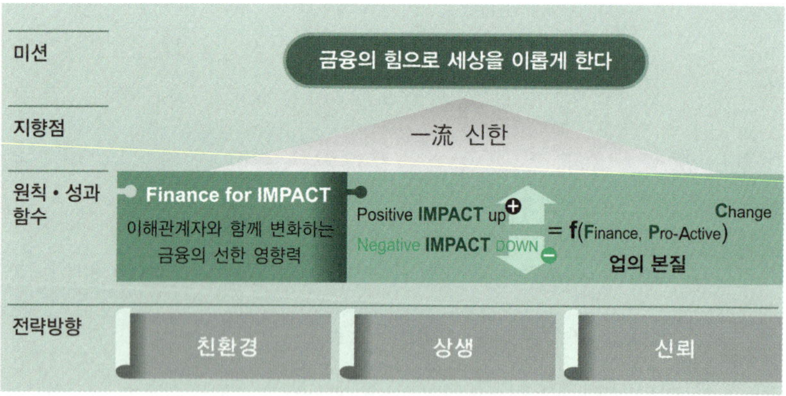

그림 3.13 신한금융의 ESG 경영 원칙

로 내세우고 있으며, 3대 전략 방향으로 친환경, 상생, 신뢰를 선정하였다.

첫 번째 전략 방향인 친환경 달성을 위해 '제로 카본 드라이브(Zero Carbon Drive)' 과제를 실시하고 있다. 2043년까지 그룹에서 배출하는 탄소배출량을 제로(0)로 만들 뿐만 아니라 그룹의 투자 또는 대출 등 자금을 투입한 상품구성인 자산 포트폴리오의 탄소배출량도 2050년까지 제로로 만들겠다는 계획이다. 신한금융이 대출해준 자금으로 해당 기업이 제품을 생산·유통, 판매할 때 배출되는 탄소배출량까지 책임을 지겠다는 것이다. 신한금융은 국내 탄소배출권 할당 업체와 온실가스 및 에너지 목표 관리에 해당하는 1,000여 개 기업의 탄소배출량을 수치화하고 데이터로 관리하고 있으며 향후 기업의 활동이 환경에 미치는 영향을 세심하게 평가·관리하고자 하고 있다.

두 번째 '상생' 전략에서는 스타트업 엑셀러레이팅 프로그램(Startup accelerating program)인 '신한스퀘어브릿지(Shinhan Square Bridge)'가 있다. 10개의 유니콘 기업(기업가치 1조원 이상)을 육성한다는 목표를 수립하고 서울과 인천에 신한스퀘어브릿지를 오픈하여 청년창업을 지원하고 있다. 또한 각 지방자치단체와 협력하여 대전, 대구, 부산, 광주, 제주 등 주요 도시에도 지역적 특성에 맞는 신한스퀘어브릿지를 오픈 준비 중이다. 특히 제주에서는 관광 문화자원 상품화 및 프리미엄 작물 재배, 폐어망 업사이클링 등 제주지역의 문제를 해결하기 위한 지역 맞춤형 스타트업 육성을 시행하고 있다.

마지막으로 '신뢰' 목표를 위해 다양성 추구를 주요 과제로 선정하였다. 다양성과 포용성을 통해 기업이 보다 넓은 시각으로 의사결정을 하고 발전하기 위한 동력을 얻어 건전한 지배구조를 형성할 수 있도록 하였다. 이를 실천하고자 여성 관리자를 육성하는 '쉬어로즈(SHeroes)' 프로그램을 운영하고 있는데, 쉬어로즈란 '신한(SH), 여성(She), 영웅(Heroes)'의 합성어로서, 사업 및 지원 등 다양한 분야에서 여성 리더를 육성하고 후배들에게 지식과 경험을 공유할 수 있는 장을 마련하고 있다. 또한 코로나19로 인하여 비대면 소통이 활성화됨에 따라, 소외계층의 교육격차 심화 및 노년층의 디지털 금융 소외를 해소하고자 모바일 채널 사용설명서를 제작하여 배포하는 등 금융 접근성 강화를 위해 노력하고 있다.

신한금융은 지배구조 측면에서도 ESG 경영 강화를 위해 2019년에 금융업계 최초로 모든 그룹사에 전략 및 지속가능 담당책임자인 'CSSO(Chief Strategy & Sustainability Officer)'를 임명하였다. 2020년 2월에는 그룹사 CEO 전원이 포함된 'ESG 추진위원회'를 신설하였으며, 기존 운영해오던 ESG 전략위원회, ESG CSSO 협의회, 지속가능경영 실무협의회와 병행 운영하여 일원화된 ESG 전략추진 체계를 수립하였다. 이러한 ESG 경영 실천을 위한 노력이 반영되어 신한금융은 '다우존스 지속가능경영 월드 지수(DJSI World)'에 8년 연속 편입되었으며, 국내 ESG 평가기관인 한국기업지배구조원(KCGS)으로부터 6년 연속 통합 A+등급을 획득하였다.

우리금융의 '함께여서 더 좋은 우리'

우리금융그룹은 '유엔지속가능발전목표(UN SDGs)'와 연계하여 '포용적 금융, 미래 세대 육성, 취약계층 지원, 메세나 확산, 환경보전'이라는 다섯 개 키워드를 중심으로 금융의 사회적책임을 실시하고 있다.

우리금융은 '혁신금융 활성화'를 ESG 가치로 내세우고 있는데, 혁신금융이란 과거의 경제 모멘텀이 가계금융과 부동산담보 중심이었다면, 미래에는 성장성과 자본시장 중심으로 전환하는 것을 의미한다. 혁신금융을 위하여 우리금융은 2019년에 전체 우리금융 그룹사 CEO가 참여하는 혁신금융추진위원회를 출범하였다. 혁신금융 활성화를 위한 대표 프로그램으로 스타트업 협력 프로그램인 디노랩(DinnoLab)을 꼽을 수 있다. 2016년에 처음 오픈한 디노랩은 '디지털 이노베이션 랩(Digital Innovation Lab)'의 약어로 스타트업이 글로벌 공룡 기업으로 성장하도록 디지털 혁신의 둥지 역할을 하겠다는 우리금융그룹의 비전을 담고 있다. 디노랩에 선정된 기업은 공유오피스 임대를 시작으로 핀테크 · 세무 · 회계 전문가의 멘토링과 사업화 및 해외진출 등을 지원받게 된다. 디노랩에는 2020년 말까지 54개사가 참여하였다. 또한 2019년에는 동남아 진출을 희망하는 스타트업을 지원하고자 디노랩 베트남을 개소하였고 현재까지 5개 기업이 혜택을 받았다. 그밖에도 우리금융그룹은 발전 가능성이 큰 중소기업에 대해 직접투자제도를 신설하여 55개 기업에 약 530억 원을 투자하는 등 신성장동력 확보를 지원하고 있다.

우리금융그룹은 생산적 금융 확산에 기여하고 지속가능한 성장을 추구하기 위해 사회적기업에도 투자하고 있다. 특히 우리은행은 2013년, 2018년 총 두 번에 걸쳐 고용노동부와 사회적기업 생태계 지원을 위한 업무협약을 체결하고 사회적기업에 관한 지원을 하고 있다. 지원 분야는 '소셜벤처아이디어 경연대회'와 같은 사회적 경제 활성화 사업 지원과 (예비)사회적 경제기업에 대한 여신금융지원, 사회적기업펀드 출자 등이 있다.

그 밖에도 우리금융그룹은 ESG 경영을 위하여 2020년 12월 '탄소중립 금융그룹'을 선언하였다. 본 선언을 통해 탈석탄 금융 가이드라인을 수립하여 향후 석탄 발전과 관련된 투자를 중단하고 기존의 투자금도 리파이낸싱 시점에 회수하는 계획을 수립하였다. 또한 태양광, 풍력, 수소전지 등 신재생에너지 관련 투자를 확대하는 등 저탄소 경제에 기여하고자 하고 있다. 더불어 일부 영업점 건물에 전기차 충전소를 설치하고, 연수원에 태양광 발전시설을 설치하는 방식으로도 저탄소화에 앞장서고 있다. 이러한 일환으로 우리은행에서는 환경경영시스템을 구축하여 금융사로서는 드물게 2020년에 환경경영에 대한 국제표준인 ISO14001 국제인증을 취득하였다.

우리금융은 지배구조 측면에서도 ESG 경영을 반영하고자 노력하고 있다. 우리금융지주 경영지원본부에 'ESG 경영부'를 신설하였으며, 그룹 내 원활한 의사소통과 협조체계 구축을 위하여 그룹 CEO로 구성된 'ESG 경영협의회'를 설치해서 ESG 경영체계를 갖추었다. 근래에는 이사회 내 'ESG 경영위원회'를 신설하여 이사와 경영진들이 본격적인 ESG 경영을 실천하고자 하고 있다. 2021년에는 국내 지주사 최초로 ESG 채권을 발행할 계획이며, 기관투자자들이 ESG 관련 투자 비율을 높이는 현재 상황에서 ESG 채권 발행이 기업의 ESG 경영활동을 나타냄과 동시에 보다 유리한 조건으로 자금을 조달할 수 있을 것으로 보인다.

04 ESG 경영 확산을 위한 국내외 노력

ESG 정보공개 표준화

ESG 성과가 우수한 기업들의 제품에 대한 수요가 확산하고 자본조달 및 투자가 확대되며 ESG 경영을 확산하기 위한 기업들의 노력이 계속되고 있다. 특히 기업의 중요한 이해관계자인 투자자와 고객, 정부 등의 ESG 경영에 대한 높은 수준을 요구하면서 지속가능한 기업의 필수요소가 되었다. 그러나 ESG와 관련한 기관들은 2018년 기준 ESG 표준 제정기관, 데이터 공급업체, 평가기관 등을 모두 합치면 600개가 넘는다. ESG 정보공개에 대한 표준만 헤아려도 2021년 1월 기준으로 GRI, SASB 등 전 세계에 374개가 존재한다.

너무도 많은 기준이 존재하여 기업들의 평가 부담이 가중됨에 따라 2020년 초, EU의 집행위원회는 비재무공시에 대한 표준을 개발하기로 하였다는 안건을 발표하였다. 우리가 흔히 알고 있는 재무정보와 같이 비재무정보도 신뢰성과 비교가능성을 확보할 수 있도록 표준을 정하고자 하였다.

이에 따라 GRI(글로벌 보고 이니셔티브), SASB(지속가능성 회계기준위원회), IIRC(국제통합보고위원회), CDSB(기후정보공개표준위원회), CDP(탄소정보공개프로젝트) 등 5개 기관이 2020년 9월, 공통 표준 제정에 합의하였으며 같은 해 12월에 초안을 공개하였다. SASB와 IIRC도 조직차원에서 2021년 하반기까지 합병하기로 하고 조직명을 'Value Reporting Foundation'으로 바꾸기로 하였다.

또한 세계경제포럼(WEF)의 국제비즈니스협의회(IBC)도 Deloitte, EY, KPMG, PwC 등 글로벌 4대 회계법인과 함께 2020년 9월, '이해관계자 자본주의 지표(Stakeholder Capitalism Metrics)'를 개발하였다. 21가지 핵심지표와 34가지 확장지표로 구성된 이해관계자 자본주의 지표는 GRI를 기반으로 하여 다른 공시 표준과 프레임워크를 반영하고 있으며, 2021년 1월에 진행된 '다보스 어젠다 2021'에서 글로벌 61개 기업이 본 지표를 활용하여 비재무정보를 공시하기도 하였다.

그밖에도 IFRS(국제회계기준) 재단은 2021년 ESG 정보공개 표준 제정을 위한 '지속가능성 기준위원회(SSB, Sustainability Standards Board)를 출범시킬 예정이다. 국제회계기준위원회(IASB) 한스 후거보스트 의장은 2020년 "기업의 연차보고서 실무지침서 개정을 통해 기후위기 이슈를 식별할 수 있도록 할 것"이라며 "2021년에 공개초안을 발표할 계획"이라고 밝혔다.

금융위원회의 ESG 정보공개 의무화

국내에서도 ESG 정보공개를 의무화하였으며, 금융위원회에서는 기업지배구조보고서와 지속가능경영보고서를 필수적으로 공개하도록 하였다. 자산총액 2조 원 이상의 코스피 상장사들을 대상으로 필수적으로 공개하기로 한 기업지배구조보고서는 2022년부터 1조 원 이상, 2024년부터 5천억 원 이상, 2026년에는 전체 코스피 상장사로 확대할 예정이다. 또한 지속가능경영보고서도 의무화하여 매년 120여 개의 기업이 지속가능경영보고서를 발간한 것에 비해 거래소에 공개된 지속가능경영보고서는 20여 개에 지나지 않았다. 그러나 2025년부터 자산 2조 원 이상의 코스피 상장사부터 의무적으로 ESG 정보를 공개하도록 하였으며, 2030년에는 모든 코스피 상장사로 확대하기로 하였다.

한국거래소는 ESG 정보공개 활성화를 위해 'ESG 정보공개 가이던스'를 발표하여 공개 지표 12개 항목을 공개하였다. 환경 부문 5개 항목(온실가스 배출, 에너지 사용, 물 사용, 폐기물 배출, 법규 위반 · 사고), 사회 부문 4개 항목(임직원 현황, 안전 · 보건, 정보보안, 공정경쟁), 거버넌스 부문 3개 항목(경영진의 역할, ESG 위험 및 기회, 이해관계자 참여)의 내용을 포함하였다.

ESG 채권 발행

녹색채권(Green Bond) 및 사회적 채권(Social Bond)의 성격을 합친 지속가능채권(Sustainability Bond) 등 특수한 목적이 있는 채권 발행의 증가 역시 주목할만하다. 이 분야는 전 세계적으로 빠른 성장을 나타내고 있으며 한국은 2020년 8월, 아시아 지역 ESG 채권 발행량이 가장 많은 국가로 뽑히기도 하였다.

GSIA(Global Sustainable Investment Alliance)에 의하면 글로벌 ESG 채권 발행은 꾸준히 증가하여 2018년, 1,980억 달러에서 2019년에는 3,282억 달러, 2020년에는 4,841억 달러로 계속하여 증가하고 있다. 2019년까지는 녹색채권이 전체 발행량의 80%를 차지하였으나, 2020년에는 녹색채권의 비중이 60%로 낮아지고 사회적 채권의 비중이 25.5%로 상승하는 특징을 보이기도 하였다.

한국의 원화 ESG 채권 발행은 2018년, 9,500억 원에서 2019년에는 27조 3,300억 원으로 매우 빠르게 성장하였다. 2020년 11월에는 전체 ESG 채권 발행액이 51조 원으로 급증하여, 블룸버그에 따르면 중국과 일본을 제치고 아시아 ESG 채권 발행 1위를 기록하였다. 또한 국가별 규모로 따져도 미국, 프랑스, 독일에 이어 4위를 차지하였다. 국내에서는 녹색채권보다는 사회적채권이 주도하고 있으며, 한국주택금융공사, 한국장학재단, 중소기업벤처진흥공단 등 공공기관과 은행 등 금융기관에서도 사회적채권을 발행하고 있다. 또한 LG그룹, 현대그룹에서도 녹색채권 및 사회적채권을 발행하여 자금을 조달하고 있다.

스튜어드십 코드 개정

스튜어드십 코드(Stewardship Code)란 기관투자자가 타인의 자산을 관리·운용하는 수탁자로서 성실한 책임을 다하기 위하여, 의결권 행사 등을 통해 기업의 의사결정에 개입하는 제도를 뜻한다. 국내에서는 2016년 12월 도입되었으며, 금융위원회에서는 2021년 1월 스튜어드십 코드의 시행성과를 평가하고, ESG 관련 수탁자 책임 강화 등 개정을 검토한다고 발표하였다. 글로벌적으로는 2020년, 영국과 일본에서도 스튜어드십 코드를 개정하여 기관투자자의 ESG 수탁자 책임을 강화하였다.

영국에서는 재무보고위원회(FRC)에서 수탁자 책임 범위를 지배구조 중심에서 환경·사회 이슈로 확대하였으며, 투자를 집행 전에 투자대상의 ESG 주요 이슈를 조사하도록 하였다. 또한 일본 금융청도 스튜어드십 코드 개정을 통해 ESG 이슈를 포함하도록 하였다.

국내에서는 금융투자기관이 의결권 자문사를 이용할 경우에 대한 가이드라인을 2021년 중에 제정하기로 하였으며, 추후 자본시장법에 근거를 마련하기로 하였다. 국민연금 또한 2018년 스튜어드십 코드를 적용하였으며, 공무원연금과 사학연금, 우정사업본부도 스튜어드십 코드를 도입함으로써 국내 4대 연금이 모두 스튜어드십 코드를 적용하게 되었다.

플라스틱 규제

EU에서는 순환경제 플랜 2.0을 2020년 3월에 발표하고 35개 과제를 실행하고 있다. 이 중 2021년 1월부터 재활용할 수 없는 플라스틱 포장재 폐기물에 대한 세금을 부과하는 내용이 포함되었다. EU는 재활용할 수 없는 플라스틱 폐기물은 kg당 0.8유로의 세금을 내게끔 하였으며, 제조자의 책임이 강화되어 빨대 및 면봉의 일회용 플라스틱 금지, 일회용 플라스틱 용기 90% 회수, 제품 폐기 및 재활용 방법 제시 의무화, 플라스틱 환경영향 측정, 제품 내 플라스틱 함유량 표기 라벨 등의 규제를 시작하였다.

또한 EU에서는 2030년까지 플라스틱 포장재에 바이오 성분 포함량을 60% 이상까지 확대하도록 하고, 전체 플라스틱 폐기물의 50%를 재활용하고자 한다. EU 집행위원회는 플라스틱에 대한 세금을 부과함으로써 약 57억 유로(약 7조 6천억 원)의 추가적인 세금 수입이 있을 것으로 예상하고 있다.

특히 한국은 2019년을 기준으로 약 21억 달러(2조 2천억원)의 플라스틱을 EU에 수출할만큼 상당량의 플라스틱을 EU에 수출하는 국가이다. 따라서 앞으로는 바이오 성분이 포함된 플라스틱 및 생분해 플라스틱 등 친환경 소재가 반드시 필요할 것으로 보인다.

여성이사 할당제

2019년 2월, 자본시장법이 개정됨에 따라 '여성 임원 할당제'가 도입되었다. '이사회의 이사 전원을 특정 성(性)으로 구성하지 않아야 한다'는 의무조항을 삽입하여, 개정된 자본시장법에 따라 자산총액 2조 원 이상인 상장기업은 2022년 7월까지는 이사회에 최소 1명 이상의 여성 등기임원을 포함하여야 한다.

현재까지 여성 임원 할당제가 통과된 지 1년 반 정도 되었으나, 여성 임원이 전혀 포함되지 않은 기업은 60%가 넘고 있다. 2020년 7월 여성가족부의 조사결과에 따르면, 코스피에 상장된 전체 2,148개 기업 중 여성 임원이 전혀 없는 기업은 66.6%에 달하였다. 또한 자산총액 2조 원 이상의 기업 중 여성 등기임원이 전혀 없는 기업은 69.4%였다. 개정안이 통과되기 전인 2019년보다는 1.4% 늘어난 수치로서, 자산총액 2조 원 이상의 기업들은 여성 임원이 있는 기업이 45개로 자본시장법 도입 이전보다 1.7배 증가하였다.

공급망 책임 평가

영국에서 2015년에 '현대판 노예제 방지법(Modern Slavery Act)'이 제정된 이후, 2017년에는 ESG 평가기관에서 공급망 내 인권조사 항목을 추가하였다. 그리고 2017년 9월, 글로벌 공급망 평가기관인 에코

바디스(EcoVadis)는 '공급망의 강제 노동과 인권 지수'를 발표하였다. 특히 유엔책임투자원칙(PRI)은 투자 과정에 있어 인권 항목을 반드시 포함하는 5개년 계획을 수립하였으며, 기존 정보공개 프레임워크에 포함하여 공급망 인권 보고에 대한 의무화를 추진하고 있다. EU 의회는 기업에 '공급망 전체'의 환경과 인권 등 현황에 대한 실사를 의무화하는 입법을 추진하고 있고, 예정대로라면 2024년부터 도입될 것으로 보인다. 이는 EU에 수출하는 모든 기업에 적용될 예정이기에 한국 수출기업에게도 매우 중요하게 받아들일 사항이다.

4장

지속가능경영과 ESG 경영의 연계전략

01 지속가능경영, 사회적책임경영과 ESG 경영의 발전

지구촌을 지속가능하게 살기 좋은 지구로 만들자는 '지속가능발전(sustainable development)'의 개념은 기업의 '지속가능경영'의 개념으로 발전하였고, 이들의 상세 과정은 1장에서 설명하였다. 지속가능경영의 개념은 '사회적책임경영', '사회적가치경영' 등으로 발전하였고, 최근에는 'ESG 경영'으로 진화되고 있다. ESG 경영에 대한 상세 설명은 1~3장에서 기술하였다. 이들의 진화 과정을 다시 간단히 조감하고, 이 장에서는 지속가능경영과 ESG 경영의 연계전략을 밝히기로 한다.

지속가능발전과 지속가능발전목표

지구의 지속가능발전과 지구상에 사는 인류 삶의 질을 향상하기 위하여 유엔은 2000년부터 새천년개발 목표(Millennium Development

Goals; MDGs)를 세우고 2015년까지 달성해야 할 8개 목표(8개 주요 목표와 21개 세부 목표)를 세우고 추진하였다. 예를 들면, 목표 1은 '빈곤과 기아 퇴치'이고, 목표 7은 '지속가능한 환경보장'이며, 목표 8은 이런 목표들을 달성하기 위한 '국제 파트너십 구축' 등이다. 이 MDGs를 '밀레니엄개발목표'라고 부르기도 한다. 이후 MDGs에 대한 후속 조치로 2016년부터 2030년까지 달성하여야 할 새로운 목표로서 '지속가능발전목표(Sustainable Development Goals; SDGs)' 17개를 제시한 것이다.

SDGs는 개발도상국의 개발을 주요 목표로 했던 MDGs를 넘어, 전 세계가 지속가능성의 3대축인 '사회발전, 경제성장, 환경보전'을 함께 발전시켜야 한다고 강조하였다. 지속가능발전목표는 지구촌의 '지속가능발전'을 위한 국제적인 약속이다. 지속가능발전이란 '미래세대의 필요를 충족시킬 수 있으면서 오늘날의 필요도 충족시키는' 개념으로 사회와 경제발전에 더불어 환경보호를 함께 이루는 미래지향적인 발전을 의미한다. 이를 달성하기 위하여 전 세계의 국가들은 함께 어떤 노력을 어느 정도로 해야 할지를 약속하기로 결정하였다.

SDGs의 17개 목표를 대략적으로 분류하면 목표 1~7은 개인의 삶의 질과 관련된 사회적인 문제들로 빈곤 종식, 기아 해결, 건강과 복지, 양질의 교육, 성 평등, 깨끗한 물과 위생, 청정에너지 등이다. 목표 8~12는 경제적인 문제들로 좋은 일자리와 경제성장, 산업혁신과 인프라, 불평등 해소, 지속가능한 도시와 공동체, 지속가능한 소비-생산 등이다. 그리고 목표 13~15는 지속가능한 지구촌을 위한 환경적인 문제들로 기후변화 대응, 해양생태계, 육상생태계 등이다. 마지막 두 개는 앞의 목표들을 달성하기 위한 인프라 구축 문제로 평화·정의를 위한 강력한 제도, 국제 파트너십 강화 등이다.

지속가능경영과 사회적책임경영

지속가능경영 개념의 대두

기업은 사회를 구성하고 있는 하나의 큰 조직이다. 그러한 기업이 매출 신장을 통한 성장뿐만 아니라 환경과 사회문제, 지역사회 등에 대해 균형을 갖지 못하면 지구촌에서 글로벌하고 지속가능하게 발전할 수 없다는 인식이 대두되기 시작하였고, 기업은 '지속가능경영(sustainable management)'에 대하여 관심을 지니게 되었다. 물론 기업은 기업활동에 따라 이윤을 극대화하기 위한 경제적·기술적인 요인(환율, 금리, 재료비, 물류비, 생산방식, 기술, 마케팅, 품질관리 방식 등)을 고려하여야 하지만, 환경적 요인(국내외의 환경규제, 온실가스의 배출, 친환경 제품의 개발 등)과 사회적 요인(윤리성, 투명성, 인권, 노사관계 등) 역시 동시에 고려하면서 경영해야 한다.

기업의 지속가능경영이란 기업의 환경적 요인과 사회적 요인을 충실히 만족시키면서 경제적 요인을 고려한, 장기적인 기업 성장을 이루려는 기업경영의 새로운 패러다임이다. 환경적 요인은 환경보전을 위한 것이고, 사회적 요인은 사회발전을 위한 것이며, 경제적 요인은 기업의 경제성장이라고 볼 때, 지속가능경영은 환경보전·사회발전·경제성장의 조화를 이루는 기본 개념을 가진 경영을 말한다. 이를 통하여 궁극적으로 국가의 지속가능한 발전에 기여하고 기업의 국제 경쟁력을 제고할 수 있으며, 국민의 삶의 질을 개선하는 것이다. 기업의 지속가능경영 목적은 건강한 기업으로서 지속가능하게 경제성장을 도모하고, 국민으로부터 존경받는 기업으로 오래 지속되는 것이다.

지속가능경영 개념이 대두되면서 1991년에 유엔환경개발회의(UN Conference on Environment and Development, UNCED)의 요청으로 48개의 글로벌 기업으로 구성된 세계지속가능발전기업협의회(World Business Council for Sustainable Development, WBCSD)가 창설되었고, 이 협의회는 다음 네 가지 기업과 관련된 '지속가능발전' 개념의 확산에 적극적으로 나서기로 결의하였다. 이 협의회는 현재 200개 이상의 글로벌 기업들이 가입되어 있으며, 우리나라에서도 삼성전자, 포스코, GS칼텍스, 한국타이어 등이 회원으로 가입되어 있다.

① 기업의 지속가능발전을 위한 비즈니스 리더십의 확립
② 기업의 지속가능발전을 위한 정책 개발과 실행
③ 기업의 지속가능발전을 위한 비즈니스 사례 개발 및 공유
④ 개도국의 지속가능한 미래를 위하여 지속가능경영 개념의 글로벌 확산

표 4.1 지속가능경영의 기본 개념, 목표와 비전

기본 개념	목 표	비 전
· 환경보전 · 사회발전과 윤리경영 · 경제성장	· 지역사회의 환경보전 · 사회발전에 참여하며, 윤리적으로 국민으로부터 존경받는 기업 · 건강한 기업으로서의 경제성장	· 국가의 지속가능발전에 기여 · 지속가능하게 기업의 국제경쟁력 제고 · 국민의 삶의 질 개선

90년대가 지나면서 기업의 이해관계자는 단지 고객과 직원과 주주에 국한되지 않고, 그 기업이 방출하는 오염이나 비윤리적 행위로 인해 피해를 볼 수 있는 일반 국민, 시민단체, 지역사회, 정부, 국제사회까지로 확산하고 있다. 이제는 지구촌의 모든 사람이 한 기업의 이해관계자인 셈이며, 지속가능경영은 이들 이해관계자를 위한 경영이 되어야 한다. 지속가능경영의 기본 개념과 목표와 비전을 간단히 정리하면 〈표 4.1〉과 같다. 이 표는 박성현 등(2017, 2019)의 책자 "4차 산업혁명 시대의 경영품질, 전략과 도전(2017)"과 "사회적가치를 추구하라(2019a)"에서 일부 인용한 것이다.

GRI와 지속가능경영보고서

OECD는 기업의 지속가능경영 규범화에 일찍부터 관심을 가지고, 1977년에 '다국적 기업에 대한 OECD 가이드라인'을 제정하여, 정보공개 · 고용 · 환경 · 부패방지 · 소비자 이익 · 과학기술 · 세제 · 경쟁 등 8개 분야의 준수 사항을 제시한 바 있다. 그러나 국제사회에 지속가

능경영에 대하여 큰 영향을 준 것은 GRI(Global Reporting Initiative)란 조직의 탄생이다.

GRI는 기업의 경제성과 환경적 건전성, 윤리성 등에 대한 실천성과를 투명하게 정리하여 기업의 '지속가능경영보고서(sustainability report)'를 발표하도록 기업들에 권장하고, 그 가이드라인을 제시하는 유엔의 협력기구이다. 이 보고서의 발표는 의무는 아니지만 우리나라 기업들도 자발적으로 동참하고 있다. 2005년에는 27개 기업만이 이 보고서를 작성하였으나, 2016년에는 108개 대기업 및 공공기관(시가총액 100대 기업 중에는 58개 기업)이 보고서를 발간하였고, 2020년에는 141개 기업이 이 보고서를 발간한 것으로 알려져 있다.

GRI(2018) 보고서에 의하면 2018년을 기준으로 국제적으로 90개국 이상의 조직들(기업, 단체, 정부기관 등)에서 지속가능경영보고서를 발행하고 있으며, 이는 세계적으로 널리 활용되는 보고서라고 한다. GRI에서 발표한 지속가능경영보고서 가이드라인으로 현재 사용되고 있는 것은 GRI Standards(2016년 10월 발표)이다. 최초로 발표된 것은 GRI 1.0(2000년)이고, 이를 개정한 것들로 GRI 2.0(2002년), GRI 3.0(2006년), GRI 3.1(2011년)과 GRI 4.0(2013년)이 있다.

이 가이드라인의 보고내용 원칙(principles for report content)은 네 가지로, 이해관계자 포용성(stakeholder inclusiveness) 지속가능성 맥락(sustainability content), 중대성(materiality)과 완전성(completeness)이다. 그리고 보고품질 원칙(principles for report quality)으로는 정확성, 균형성, 명확성, 비교가능성, 신뢰성, 적시성 등 여섯 가지이

다. 지속가능경영보고서는 위의 원칙들을 지켜가면서 〈그림 4.1〉에서 보는 바와 같이 GRI 101-103의 기본적인 보편적 표준(universal standards)과, GRI 200-400의 특별 주제 표준(topic specific standards)이 있다. 이들의 내용은 다음과 같다. 이에 대한 자세한 사항은 GRI 홈페이지(http://www.globalreporting.org)에서 찾아볼 수 있다.

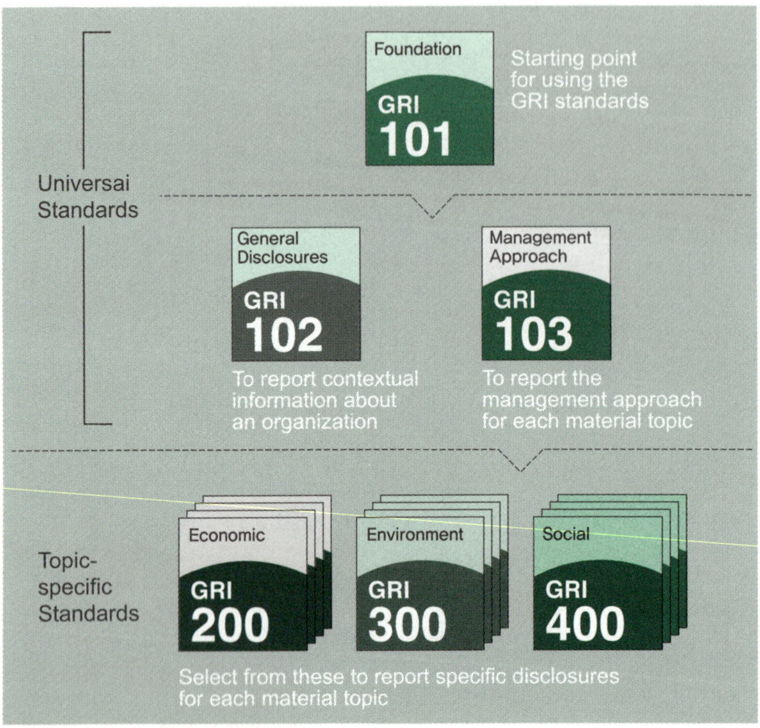

그림 4.1 GRI Standards 구성
출처: Global Reporting Initiative

GRI 101: GRI 표준(Standards)에 대한 기본 원칙을 제공
- 책임성, 투명성과 같은 기초 원칙과 보고서 작성 시 기본적인 요구사항 기술

GRI 102: 필수 정보 일반 공개 사항(general disclosures)
- GRI 기준을 활용한 기관에 요구되는 정보공개 사항을 서술한 목록으로 기관의 운영 현황, 지속가능경영전략, 의사결정기구 관련 정보 등을 포함

GRI 103: 지속가능성 경영 지침(management approach)
- 기관의 중요(material) 지속가능성 주제 설정 방안을 제공. 또한 해당 주제에 대한 경영전략, 방침, 목표, 관련 사업 등에 대한 공개

GRI 200 시리즈: 경제
- 부패방지, 세금 납부, 경제적 성과, 구매활동 등에 대한 주제

GRI 300 시리즈: 환경
- 에너지, 원자재, 유해물질 배출, 생태계 영향 등에 대한 주제

GRI 400 시리즈: 사회 및 거버넌스
- 사내복지, 노사관계, 차별방지, 지역사회 관계 등에 대한 주제

유엔의 글로벌 콤팩트

GRI의 활동과 더불어 유엔에서는 기업의 지속가능발전 개념을 확산하기 위하여 기업의 사회적책임을 강조한 글로벌 콤팩트(Global Compact)를 출범하였다. 글로벌 콤팩트는 하나의 네트워크로, 그 조직은 사무국을 중심으로 6개의 유엔기관들과 연계되어 있고, 또한 정부, 기업, 노동계, 시민사회단체 등 모든 이해관계자를 포함하고 있다. 이 조직은 코피 아난(Kofi Annan) 유엔사무총장이 2000년 7월에 출범한 조직으로, 기업경영에 관하여 인권, 노동기준, 환경, 반부패 등에 관한 10대 원칙(표 4.2 참조)을 가지고, 이를 기업들이 준수해 줄 것을 요구하고 있다. 구체적인 내용은 김재룡 등(2016)을 참조하기 바란다.

표 4.2 유엔의 글로벌 콤팩트 10가지 원칙

분야	원칙
인권 (Human Rights)	원칙 1: 기업은 국제적으로 선언된 인권의 보호를 지지하고 존중하여야 한다. 원칙 2: 기업은 인권 학대에 공모하지 않을 것을 확신하여야 한다.
노동기준 (Labor Standards)	원칙 3: 기업은 단체교섭에 있어서 조합의 자유와 권리의 효과적인 인식을 지지하여야 한다. 원칙 4: 기업은 모든 형태의 강요되거나 강제된 노동을 배제하여야 한다. 원칙 5: 기업은 아동노동을 효과적으로 폐지하여야 한다. 원칙 6: 기업은 고용 및 업무에서 차별을 배제하여야 한다.
환경 (Environment)	원칙 7: 기업은 환경도전에 대해 예방적 접근을 지지하여야 한다. 원칙 8: 기업은 환경에 대한 책임증진에 솔선하여야 한다. 원칙 9: 기업은 환경 친화적 기술의 개발 및 보급을 지원하여야 한다.
반부패 (Anti-Corruption)	원칙 10: 기업은 부당가격청구 및 뇌물을 포함하여 모든 형태의 부패에 대응하여야 한다.

사회적책임경영의 대두

앞에서 논의된 지속가능발전, 지속가능발전목표(SDGs), 지속가능경영, 지속가능경영보고서, 글로벌 콤팩트 등의 발전과정은 기업의 글로벌 경영품질의 개념에도 변화를 주었다. 여기서 말하는 경영품질(management quality)이란 "이해관계자를 위한 가치 창조적 품질과 기업의 경쟁우위 품질을 달성하기 위하여 최적의 경영시스템, 프로세스, 기업문화 등을 구축하고 운영하는 지속가능한(sustainable) 성장을 위한 경영활동"이라고 정의할 수 있다.[1]

이렇게 변화하는 기업경영품질의 기본 개념에는 기업이 지속가능하게 발전하기 위한 모든 이해관계자를 위한 환경보전, 인권존중, 반부패, 지역사회 참여 등의 사회적책임(social responsibility)을 바탕으로 하는 지속가능한 경제성장 경영이 골자를 이루고 있다. 기업의 사회적책임(CSR)에 대해서는 유럽 사회가 앞서가고 있다. 일찍이 유럽국가들이 중심이 되어 결성된 경제협력개발기구(OECD)의 사회적책임 활동 규범화 노력은 1977년, '다국적 기업에 대한 OECD 가이드라인(OECD Guidelines for Multinational Enterprises)'의 제정에서부터 시작되었으며, 2000년 개정 시 '국제투자 및 다국적 기업에 대한 선언'을 추가하였다. 동 가이드라인은 기업, 노동조합, NGO에게 CSR에 대한 확고한 기본틀을 제공하기 위한 것인데, 정보공개·고용·환경·반부패·소비자 이익·과학기술·세제·경쟁 등 8개 분야를 포괄하고 있으며, 다국적 기업과 국내 기업 및 협력업체에도 준수를 권고하고 있다.

OECD는 1999년에 '기업지배구조에 관한 원칙(OECD Principles for Corporate Governance)'을 발표하고 2004년에 개정하면서, 기본 원칙(Principle)은 넓은 범위의 행위자들(players)의 관심을 고려하고 있다. 즉, 주주의 권한, 주주의 동등한 대우, 기업지배구조에서 이해관계

1 박성현 외, "4차 산업혁명 시대의 경영품질 전략과 도전", 사회적책임경영품질원, 2017.

인의 역할, 정보공개와 투명성, 이사회의 책임, 그리고 내부고발자의 보호와 같은 이슈들에 초점을 맞추고 있다. 이 원칙은 정부가 기업 관련 법률, 제도 및 규제를 평가 · 개선하고자 할 경우 벤치마크(benchmark)로 사용되는 것을 의도하고 있으며, 기업 및 기타 이해관계인들에게 지침을 제공하고 있다.

지속가능한 발전을 위하여 기업의 사회적책임이 중요하다는 논의가 이루어지고 있는 상황에서, 제네바에 본부를 두고 있는 국제표준화기구(International Organization for Standardization, ISO)에서는 2010년 사회적책임 국제표준으로 ISO 26000을 제정하였다. ISO 26000은 사회적책임을 이행하기 위한 방법 및 관련 지침을 제공한다. 이 표준은 인증을 요구하지 않는 국제적 표준이나 시장에서의 평가를 통해 이해관계자들로부터 사실상의 인증을 요구받게 한다는 점에서 점차적으로 큰 구속력을 갖게 될 것으로 예상된다. 무엇보다도 이 표준은 기업 스스로가 지속가능하게 발전하기 위한 기업의 발전전략을 세우는 데 큰 역할을 할 것으로 판단된다.

사회적책임경영 국제표준 ISO 26000

사회적책임 국제표준인 ISO 26000은 기업의 지속가능한 사회적책임경영의 가이드라인으로 매우 중요한 의미를 가진다. ISO 26000은 2장에서 소개된 〈그림 2.6〉과 같이 모두 7개 장과 부속서 A, B로 구성되어 있다. 사회적책임에 관한 참고문헌으로 김재룡 등(2016)을 참조하면 좋을 것이다.

ISO 26000에서 중요한 것은 제4장에 있는 사회적책임의 7대 원칙(설명책임, 투명성, 윤리적 행동, 이해관계자의 이익 존중, 법률 존중, 국제 행동규범 존중, 인권 존중)으로 이 표준의 철학을 소개하고 있다. 다음으로 제6장의 핵심 주제는 7개로 이들은 조직 거버넌스, 인권, 노동 관행, 환경, 공정운영, 소비자 이슈, 지역사회 참여이다. 제7장은 사회적책임경영을 조직 전반에 적용하기 위한 프로세스를 제공하고 있다. 또한 조직의 사회적책임에 대한 연관성, 사회적책임 이해, 통합 적용, 커뮤니케이션, 검토 및 지속적 개선, 신뢰 강화 등에 대한 지침을 제공한다. 부속서 A는 사회적책임에 관한 자주적인 이니셔티브의 리스트를 제시하고, 부속서 B는 국제표준 가이드라인에서 사용되는 약어 리스트를 제시한다.

공유가치창출경영과 사회적가치경영

공유가치창출경영

기업이 지속가능하게 발전하기 위해서는 기업경영은 장기적인 안목에서 경제적 수익성, 사회적책임, 환경적 책임의 세 가지 측면을 균형 있게 고려해야 한다. 이런 측면에서 기업이 경제적 수익을 올리면서도 지역사회에 공헌하는 사회적책임을 다할 수 있는 경영활동으로 공유가치창출(CSV; Creating Shared Value)경영이 각광을 받고 있다.

CSV 경영의 개념은 Porter & Kramer(2011)가 'Harvard Business Review' 저널에서 제안한 것으로, 기업의 경제적 이윤과 기업이 속한 공동체의 경제적 발전을 함께 만들고 공유하는 경영활동이다. 기업의 사회적책임(CSR) 경영이 기업이 사회에 대한 책임활동을 강조한 반면에, CSV는 CSR을 추구하면서도 기업에 경제적 이익을 창출하여 기업을 지속가능하게 발전시킨다는 경영 개념으로, 기업과 공동체가 공유할 수 있는 가치를 창출하는 경영활동이다. 결론적으로 CSV는 스마트한 CSR 활동이라고 볼 수 있다.

CSV 경영의 대표적인 사례로 세계적인 커피 회사인 네슬레의 사례를 들 수 있다. 네슬레는 2009년부터 〈그림 4.2〉와 같은 전사적인 CSV 경영체계를 구축하고 농부와 연결하는 원자재 조달 활동의 일환으로 'Farmer Connect'라는 농촌지역개발을 위한 네스카페 플랜을 시작하였다.

네슬레의 CSV 경영체계에서 가장 하단의 'Compliance'는 각종의 법규 준수를 의미하는 것으로 법, 경영 원칙, 행동 강령을 잘 따르는 경영을 의미한다. 중간 단의 지속가능성은 지속가능경영을 의미하고, 상단의 공유가치창출은 네슬레의 고유 업무와 관련이 깊은 영양, 물, 지역사회개발 등을 의미한다. 네슬레는 2010년부터 5년 동안 2,300억 원을 투자하였는데, 매년 전 세계 17만 농가를 선정하여 원두커피 재배기술을 교육하고, 설비 역시 지원하여 농촌지역 개발을 지원하였으며, 이들 농가로부터 약 18만 톤의 커피 원두를 구매하는 방식으로 네슬레는 농촌 사회를 발전시키는 공동의 가치창출을 하였

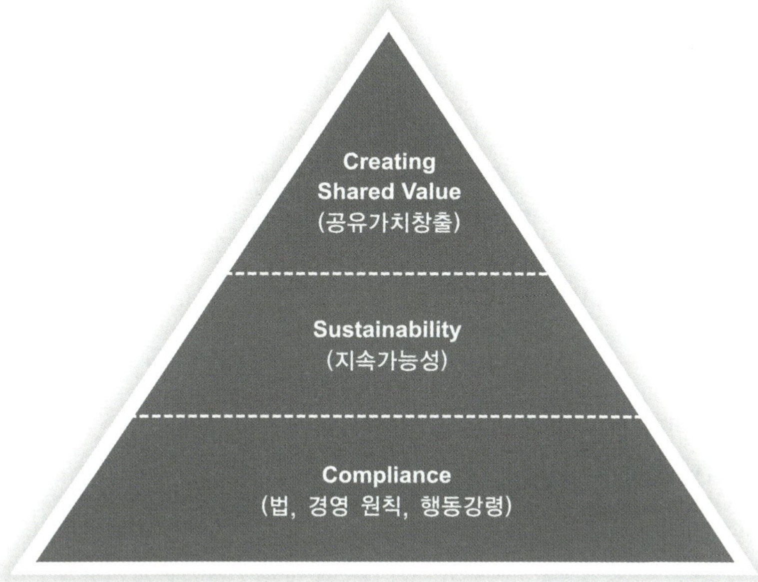

그림 4.2 네슬레의 CSV 모형

다. 이 활동을 통하여 네슬레는 커피 원두를 안정적으로 공급받고, 농가들은 수익을 올리는 상생 관계를 형성할 수 있었다[네슬레코리아(2016) 참조].

사회적가치경영

기업이 이윤창출을 위해 경제적 가치를 추구하는 것은 당연한 일이다. 그러나 최근에는 기업이 지속가능하게 발전하기 위해서는 '사회적가치(social value)'도 추구해야 한다고 말한다. 여기서 사회적 가치란 일자리 창출, 균등한 기회와 사회통합, 안전 및 환경, 상생 협력 및 지역발전, 윤리경영 등 공공의 이익과 공동체 발전을 우선시하는 가치를 말한다. 기업에서 사회적가치를 추구하는 경영을 '사회적가치경영(social value management)'이라고 말한다.

사회적가치 활동에 대한 선진국의 움직임은 이미 2000년대부터 시작되었다. 미국은 이미 2009년에 사회혁신청(Office of Social Innovation)을 설치하고, 5억 달러 규모의 사회혁신기금을 조성하여 시민사회와의 협력을 통한 사회적가치 실현과 사회문제 해결을 전폭 지원하고 있다. 사회적가치에 관한 움직임에서 선두에 있는 지역은 유럽연합(EU)이다. EU는 2010년부터 '사회적책임 조달 가이드라인(Buying social: a guide to taking account of social consideration in public procurement)'을 통해 양질의 일자리, 노동권, 사회통합, 윤리무역, 기업의 사회적책임 등 사회적가치를 고려할 것을 권장하고 있다. 영국에서는 2012년에 '사회적가치법[Public Services (Social Value) Act 2012]'을 제정하여, 정부의 공공조달 부문에서 사회적가치를 적극적으로 고려하도록 하였다. 이 법에서는 사회적가치를 '한 지역(사회)의 경제적, 사회적, 환경적 복지'라고 정의하고, 경제 양극화 문제를 해결하기 위하여 획일적 경쟁과 효율 우선보다는 사회적가치라는 공공성을 우선하는 '포용적 경제정책'이 필요함을 제시하고 있다.

사회적가치경영의 뿌리는 지속가능경영, 기업의 사회적책임(CSR) 경영, 공유가치창출(CSV) 경영, 환경·사회·지배구조(ESG) 경영 등에서 찾아볼 수 있고, 이들에 대한 국제적 요구가 더욱 거세질 전망이다. CSR과 ESG와 관련하여 중국은 2019년 1월부터 환경오염 유발 기업에 환경보호세를 부과하고 있고, 아랍에미레이트연합(UAE) 정부는 2017년 6월부터 CSR을 비즈니스 어젠다에 포함하는 것을 의무화하였다. 인도는 3년 평균 순이익의 2%를 CSR 활동에 사용하지 않은 187개 기업에 형사처벌을 내렸다. 국제적으로 기업이 CSR이나 ESG 데이터를 지속적으로 관리·평가하고 개선해나가는 기업과 그렇지 않은 기업 간의 이미지 격차는 더욱 벌어질 것으로 전망된다.

사회적가치경영의 평가기준

2019년부터 공공기관들(공기업과 준정부기관)은 정부(기획재정부)가 발표한 새로운 경영평가기준에 따라 그 전년도의 경영에 대한 평가를 받게 되었다. 정부는 〈표 4.3〉과 같이 새경영평가기준을 발표하면서 "공공기관은 효율성을 추구하는 것을 넘어 사회적가치를 만들어가는 기관으로 변해야 한다."라고 천명하였다. 또한 공공기관 평가는 경제적 가치보다는 사회적가치를 우선시하는 경영평가를 하겠다고 선언하였다. 이에 따라 공공기관의 사회적가치 실현이 문재인 정부의 주요 정책 기조가 되고 있다.

공공기관을 평가할 때 사회적가치를 주로 보는 것은 정부가 경제적 가치보다는 사회적가치를 우선시하는 철학에 바탕을 두고 있다. 현 정부의 기조정책이 '소득주도 성장, 혁신성장, 공정경제'라고 볼 때, 사회적가치를 추구하는 정책은 소득주도 성장과 공정경제 정책과 맥을 같이한다고 평가할 수 있다.

공공기관의 사회적가치경영에 대한 논의는 2014년 6월, 당시 국

표 4.3 변경된 공공기관 평가지표

'18년		
구분	공기업	준정부기관
I. 경영관리	55	45
1. 경영전략 및 리더십	6	
–전략기획	2	
–경영개선	2	
–리더십	2	
2. 사회적 가치 구현	22	20
★ – 일자리창출	7	6
★ – 균등한 기회와 사회통합	4	3
★ – 안전 및 환경	3	
★ – 상생·협력 및 지역발전	5	
★ – 윤리경영	3	
3. 업무효율	5	–
4. 조직·인사·재무관리	9	6
– 조직·인사 일반	3	
– 재무예산 운영·성과	5	2
★ – 삶의 질 제고	1	
5. 보수 및 복리후생비	8	
– 보수·복리후생	3	
– 총인건비 관리	3	
★ – 노사관계	2	
6. 협력과 참여	5	
★ – 국민참여	1+1(가점)	
★ – 열린혁신	1	
★ – 국민소통	3	
★사회적가치 배점 소계(A)	30	28
II. 주요사업	45	55
★ – 사회적가치 실현 사업(B)	10~15	30~35
– 기타 주요사업	30~45	20~25
계	100	100
★사회적가치 배점 합계(A+B)	40~45	58~63

출처: 기획재정부

회의원이었던 문재인이 발의한 '공공기관의 사회적가치 실현에 관한 기본법(사회적가치 기본법)'에 이어, 2017년 8월에 더불어민주당 김경수 의원과 박광온 의원이 재발의 한 법안에 기초하고 있다. 그러면 공공기관이 사회적가치 실현을 위하여 준비해야 하고 실행해야 할 기관 경영으로 무엇들이 있는가? 그 답은 이 법안 3조 1항에서 사회적가치 실현 방법으로 제시되어 있으며, 모두 13개 항목으로 다음과 같다.

① 인간의 존엄성을 유지하는 기본 권리로서 인권의 보호
② 재난과 사고로부터 안전한 근로 생활환경의 유지
③ 건강한 생활이 가능한 보건복지의 제공
④ 노동권의 보장과 근로조건의 향상
⑤ 사회적 약자에 대한 기회제공과 사회통합
⑥ 대기업, 중소기업 간의 상생과 협력
⑦ 품위 있는 삶을 누릴 수 있는 양질의 일자리 창출
⑧ 지역사회 활성화와 공동체 복원
⑨ 경제활동을 통한 이익이 지역에 순화되는 지역경제 공헌
⑩ 윤리적 생산과 유통을 포함한 기업의 자발적인 사회적책임 이행
⑪ 환경의 지속가능성 보전
⑫ 시민적 권리로서 민주적 의사결정과 참여의 실현
⑬ 그 밖에 공동체의 이익실현과 공공성 강화

위의 13개 항목에서 나오는 키워드는 인권, 안전, 보건, 노동권, 사회적 약자, 상생, 일자리 창출, 지역사회, 시민권 등이다. 이를 실천하기 위하여 공공기관 경영 평가기준으로 제시된 것들은 일자리 창출, 균등한 기회와 사회통합, 안전 및 환경, 상생 협력 및 지역발전과 윤리경영으로, 이들을 사회적가치 실현 5개 기준이라고 볼 수 있다. 그런데 이들은 사실상 사회적책임(ISO 26000)에서 언급하는 내용과 상당 부분 일치하는 것을 알 수 있다.

ESG 경영의 대두

ESG는 환경(Environment), 사회(Social), 지배구조(Governance)의 앞 글자를 딴 것으로, 기업의 비재무적인 요소인 환경 관리, 사회적책임, 지배구조의 건전성을 기준으로 기업의 가치를 평가하는 활동을 말한다.

ESG 개념이 나온 시기는 2000년대 초반인데, 코피 아난(Kofi Annan) 전 UN 사무총장은 2004년, 세계 각국의 금융회사에 지속가능한 투자를 위한 가이드라인 개발에 동참할 것을 요청하였다. 금융회사들은 ESG라는 요소를 활용하여 투자대상 기업을 평가할 수 있다는 결론을 내렸고, 이 내용이 2006년 UN의 '책임투자 원칙(Principles for Responsible Investment, PRI)'에 반영되었다. PRI는 기업이나 연기금 등이 자본을 투자할 때 ESG 요소를 고려하여 투자해야 하며, 이때 적용할 수 있는 원칙들을 말한다. 이 원칙들은 기업의 행동이 환경과 사회 및 인권에 미치는 영향 등을 지표화한 것이 핵심으로, 책임투자의 여섯 가지 원칙은 다음과 같다.

원칙 1: ESG 문제를 투자분석(investment analysis) 및 의사결정 프로세스에 통합한다.

원칙 2: ESG 문제를 소유권정책(ownership policies) 및 관행에 통합한다.

원칙 3: 투자한 기업의 ESG 문제에 대해 적절한 공개(appropriate disclosure)를 모색한다.

원칙 4: 투자한 산업 내에서 PRI 원칙의 수용과 이행(acceptance and implementation)을 장려한다.

원칙 5: PRI 원칙 이행에 있어 효율성(effectiveness)을 높이도록 노력한다.

원칙 6: PRI 원칙 이행을 위한 활동과 진행(activities and progress) 상황을 보고한다.

PRI을 이행하겠다고 서명한 자산운용사 및 투자기관이 우리나라의 국민연금공단, 한국기업지배구조원, 서스틴베스트 등을 포함하여 전 세계에 3,000곳에 달하여, ESG 개념이 금융 투자 업무에 큰 영향을 미치고 있다. 유엔 산하 기구인 유엔환경계획(UNEP) 금융기관 이니셔티브와 유엔글로벌콤팩트는 PRI를 확산하기 위하여 유엔협력기구로 독립단체인 'UNPRI'를 설립하고 운영하고 있다. 이 조직은 지속가능경영에 동참하는 전 세계 기관투자자들의 책임투자 흐름을 이끄는 일종의 네트워크로, ESG 평가를 시행하고 있으므로 글로벌 인증기관이라고 볼 수 있다.

2008년에 미국의 서브프라임 주택융자를 발단으로, 세계의 금융시장을 혼란에 빠뜨린 리먼쇼크가 발생하였다. 이로 인해, 자본시장에서의 단기적인 자기 이익 추구의 약점이 부각되었고, 장기적인 이익 창출에 대한 인식이 높아지면서 PRI에 대한 서명의 증가로 이어지게 되었다.

ESG 경영은 기업경영에서 환경, 사회, 지배구조의 3가지 측면에서 건전한 기업이 되기 위한 기업활동을 말한다. 특히 ESG 경영에서 강조되는 사항은 투자 경영으로, PRI를 준수하고, ESG의 3가지 측면을 지키는 것이다. ESG에 기반한 사회적으로 책임 있는 투자는 이제 세계적인 트렌드가 되고 있다. 한국거래소는 2017년부터 유가증권 상장사의 ESG 등급을 공개하고 있다.

ESG 기준에 부합하는 용도(환경개선, 신재생에너지, 사회문제 해결 등)의 투자를 ESG 투자, 그리고 ESG 기준에 부합하는 용도의 자금을 조달하기 위한 특수목적의 채권을 ESG 채권이라고 한다. 그린 본드와 소셜 본드의 성격이 결합된 지속가능채권(sustainability bond) 등이 ESG 채권에 속한다. 정부가 포용적 금융의 역할을 강조하면서 친환경 문제와 사회적 투자에 대한 관심과 투자가 늘어나고 있으므로, 한국에서도 ESG 투자와 채권에 대한 관심이 높아지고 있다.

국내에서 ESG 경영에 앞장선 기업은 SK 그룹이다. 최태원 SK 그룹 회장은 ESG를 특히 강조하고 있으며, ESG를 '사회적가치(SV; social value)'와 거의 같은 개념으로 사용하고 있다. SK는 사회적가치위원회를 두고 그룹에 사회적가치경영을 확산하고 있으며, 이 경영에서 ESG 실천을 강조하고 있다. SK는 각 계열사 경영핵심평가지표(KPI)에 ESG를 50% 가량 반영하면서 기업이 추구하는 바를 ESG 중심으로 개편하고 있다.

02 ESG 경영 평가지수와 ESG가 주는 영향

ESG 경영 평가지수

지속가능경영에 대한 평가지수는 GRI 가이드라인에 제시되어 있고, 사회적책임경영에 대한 평가지수는 ISO 26000의 기준을 따르면 된다. 여기에서는 ESG 경영에 대한 평가지수를 고찰하여 보자. ESG 평가는 기업활동이 4대 평가요소(환경, 사회, 지배구조, 책임투자)에 미치는 영향을 평가하여 지표화하는 기준을 제시한 것으로 다음과 같다.

환경(Environment)

청정기술, 기후변화, 탄소배출, 유독물질 배출, 천연자원의 관리부터 환경(공기, 토지, 물, 생태계, 인간의 건강 등) 오염의 방지, 개선에 관한 배려가 있어야 하고, 이런 활동에 관한 정보공개가 이루어져야 한다.

사회(Social)

고용 평등, 고용다양화, 노동, 테러·억압 등에 관한 배려와 고객, 종업원, 지역 주민의 건강과 안전 확보, 노사관계의 촉진, 인권의 보호, 사회적 봉사활동 등 기업의 모든 이해관계자에 대한 사회적책임 배려 활동이 이루어져야 한다.

지배구조(Governance)

이사회의 다양성 확보, 설명책임의 강화, 주주와 그 권리의 보호, 정보의 보고와 공개, 임원의 보수 억제 등 건전한 지배구조 활동을 통해 기업의 리스크를 관리한다.

책임투자(Responsible investment)

2006년, UNPRI가 제정한 책임투자 원칙(PRI)이 어느 정도 잘 지켜지고 있는가를 평가한다. 이 원칙들은 기업이 환경, 사회, 지배구조와 같은 비재무적 요소를 경영에 얼마나 고려하고 있는가, 그리고 기후변화와 지속가능발전이 중시되는 사회적 트렌드에 얼마나 민감한 경영을 하는가를 고려하는 것이다.

대표적인 ESG 평가기관으로는 세계적으로 모건스탠리캐피털인터내셔널(Morgan Stanley Capital International, MSCI)과 톰슨로이터가 앞서가고 있다. 현재는 MSCI는 가장 저명한 조직이며, 여기에서 'MSCI 코리아 ESG 리더스 지수', 'MSCI USA ESG 리더스 지수' 등을 매년 발표한다. 〈그림 4.3〉은 이들 지수에 의한 기업 상위 10종목의 ESG

지수이다.

한국의 대표기업인 삼성전자와 현대차는 MSCI의 ESG 평가에서 제외되었다. 삼성전자는 2018년 이재용 부회장이 뇌물공여 등의 혐의로 형사재판에 넘겨지면서, 그리고 현대차는 현대모비스·현대위아 등 계열사까지 2018년의 '엘리엇 사태'로 이들 기업이 지배구조(G) 문제에서 논란이 일자 제외되었다. 〈그림 4.3〉을 보면 한국에서는 네이버, LG화학, 삼성SDI 등이 높은 평가를 받았고, 미국에서는 마이크로소프트, 알파벳(구글), 존슨앤드존슨 등의 우량기업들이 높은 평가를 받았다. 이들 기업은 주식시장에서도 높은 주가 상승률을 올리고 있는 기업들이다.

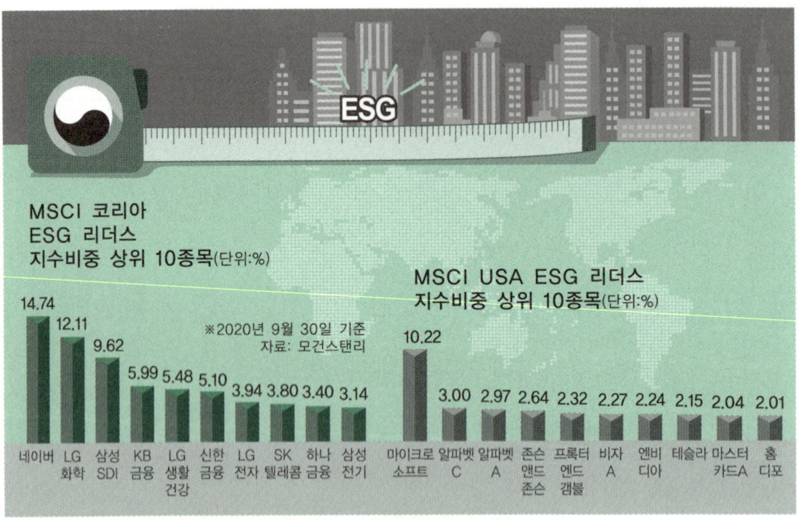

그림 4.3 MSCI의 한국과 미국의 ESG 평가 상위기업 지수

출처: 한국경제신문, 2020. 10. 17.

국내 ESG 평가기관으로는 한국기업지배구조원(KCGS), 경제정의실천시민연합(CCEJ) 등이 있다. 한국기업지배구조연구원은 2002년에 설립된 한국거래소(KRX) 산하의 비영리 사단법인으로 독립적으로 운영되고 있으며, 한국예탁결제원, 한국증권금융, 금융투자협회, 상장회사협의회, 코스닥협회, 한국공인회계사 등이 사원(社員) 기관으로 있다. 현재로는 국내에서 한국기업지배구조연구원의 평가지수가 가장 높은 신뢰성을 가지고 있으나, '기업의 지배구조 개선'을 슬로건으로 내걸고 있어 ESG 중 E와 S에 대한 평가의 전문성이 조금 떨어진다는 지적도 있다. 한국기업지배구조원은 기업의 사회적책임 측면에서 투자 활성화를 염두에 두고 ESG와 관련이 있는 사회적책임투자지수(KRX SRI)를 사용하고 발표하고 있다.

사회적책임투자(Social Responsibility Investment, SRI)란 친환경적인 기술을 개발하거나 보유하고 있는 기업, 사회 환원과 사회복지 개선에 적극적으로 참여하는 기업, 지배구조가 투명하고 윤리경영 등이 우수한 기업 등에 투자하는 방식을 말하는 것으로, 2004년에 처음 국내에 도입되었다. SRI를 널리 보급하기 위한 펀드(fund)를 SRI 펀드라고 말하며, 선진 자본시장에서는 보편화되어 있다. 미국에서는 2,600조 원에 달하는 200여 개의 펀드가 운용되고 있을 정도이다. 사회적책임투자지수(SRI Index, SRII)는 사회적책임 투자 활성화와 기업 지배구조 개선을 유도하기 위해 만든 지수로 900여개의 상장회사를 대상으로 매년 9월에 발표하고 있으며, 다음과 같이 5종의 지수(참조: 한국기업지배구조원 홈페이지, ESG 평가안내)를 발표한다.

① KRX ESG Leaders 150: ESG를 모두 고려하여 통합점수가 높은 상위 150종목

② KRX Governance Leaders 100: 지배구조 점수가 높거나 지배구조가 개선된 100종목

③ KRX Eco Leaders 100: 환경점수가 높거나 환경점수가 개선된 100종목

④ KRX ESG 사회적책임경영지수(S): 사회 점수가 높은 종목

⑤ KRX 코스피 200 ESG: ESG를 모두 고려하여 코스피 200종목 중 ESG 평가가 높은 종목

전반적으로 볼 때 국내 ESG 인증·평가 제도가 아직은 제대로 자리 잡지 못하고 있으며, 좀 더 공신력 있는 평가가 나와야만 대기업은 물론 중소기업들의 해외 시장 진출에도 도움을 줄 수 있을 것이다.

한국기업지배구조원의 평가모형

한국기업지배구조원(KCGS)이 사용하는 ESG 평가모형의 내용을 보면 대략적으로 3장에서 소개된 〈표 3.6〉과 같다. 각 평가 영역인 환경, 사회, 지배구조에 따라서 평가모형 모델을 가지고 있으며, 이들은 KCGS 내부의 규준으로 설정되어 있다. 또한 평가 시에 외부의 법, 제도, 규범으로 무엇을 주로 참작하는지도 제시되어 있다. 좀 더 상세한 내용은 KCGS 홈페이지에서 'ESG 평가 안내'를 보면 좋을 것이다.

1단계(2021~2025년)	ESG 가이던스를 제시하고 상장사들이 자율적으로 공시할 것을 권장
2단계(2025~2030년)	일정 규모 이상의 상장사들은 의무적으로 ESG 공시
3단계(2030년부터)	모든 유가증권시장에 있는 상장사들은 의무적으로 공시

한국기업지배구조원은 한국거래소와 함께 상장사들에 대하여 ESG 공시를 다음과 같이 확대하는 로드맵을 발표하였다.

따라서 큰 규모의 상장사들은 2025년부터 의무적으로 ESG 업무 상태를 공시해야 하고, 2030년부터는 모든 상장기업이 ESG 공시를 해야 한다. 결국 조만간에 ESG 결과에 대한 공시는 큰 기업부터 시작하여 모든 기업에서 이루어질 것이다.

평가기관마다 차이나는 ESG 평가

현재 대표적인 ESG 평가기관으로는 외국의 모건스탠리, 톰슨로이터와 한국의 한국기업지배구조원을 들 수 있다. 그러나 이들 기관 간에 평가 결과는 차이가 크게 난다. 〈그림 4.4〉를 보면 환경(E) 부문 평가에서 우리은행의 경우 모건스탠리는 B 등급, 톰슨로이터는 C 등급, 한국기업지배구조원은 C− 등급을 주었다.

미국 매사추세츠공대(MIT)의 한 연구에 따르면, 모건스탠리와 톰슨로이터의 ESG 평가 상관계수는 0.38에 불과하다. 상관관계가 있다고 평가되는 기준선인 0.5에 미치지 못한다. 이와 같은 현상은 아직 ESG 평가의 글로벌 기준이 정립되지 않았기 때문이다. 예를 들면, 탄소배출량에 대한 가중치를 얼마로 줄 것인지 등은 ESG 평가에서 평가기관마다 차이가 있다. 일반적으로 모건스탠리와 톰슨로이터는 절대적인 탄소배출량에 큰 가중치를 주고 있다. 이런 이유로 탄소배출량이 비교적 많은 한국 기업들은 외국 평가기관들로부터 좋지 못한 평가를 받는다. 기업의 사회공헌 기부 활동도 마찬가지다. 톰슨로이터 ESG 평가에서 사회공헌 기부 활동이 차지하는 비중은 매우 낮고, 모건스탠리는 아예 평가할 때 기부 이력을 고려하지 않는다. 그러나 한국기업지배구조원은 기업들의 기부나 자선활동을 중요하게 평가한다.

전문가들은 ESG 평가에서 모건스탠리나 톰슨로이터의 평가에 크게 신경 쓰지 말고, '한국형 ESG 평가기준'을 정립하여 사용할 필요

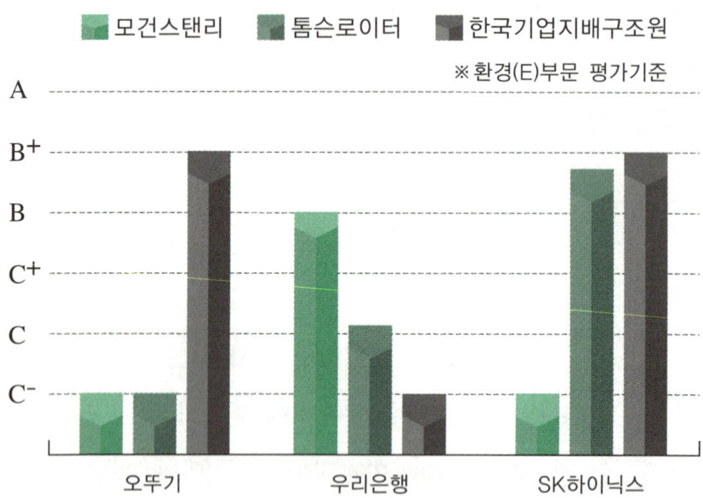

그림 4.4 기관마다 엇갈리는 ESG 평가 등급
출처: 한국경제신문, 2020. 11. 21.

가 있다고 지적한다. 예를 들면, 현재의 절대적 탄소배출량을 보는 것보다는 탄소배출량 저감 속도가 어느 정도인지를 평가하는 것이 중요하다. 또한 ESG 분야에서 소위 '착한 활동'을 하는 기업에 높은 등급을 주는 상징적(symbolic) 기준보다, 재정적 지속가능성까지 고려한 실질적(substantive) 사회적책임 기준이 중요할 수 있다. 한국 기업 정서에 맞는 ESG 평가기준을 정립하여 사용하는 게 좋을 것이다.

ESG는 CSR이 확장된 개념이므로 ISO 26000의 개념과 사회적가치 경영 개념에 바탕을 둔 한국형 ESG 기준을 마련하는 것이 올바르다. 이를 위하여 기획재정부에서 사용하고 있는 '공공기관 경영평가' 제도를 상당 부분 활용할 필요도 있다.

ESG가 주는 영향과 RE100 운동

ESG는 주가나 투자 등에 영향을 주는 것이 글로벌 트렌드이다. 글로벌 큰손 투자자들이 ESG를 투자 여부를 결정하는 지표로 활용하기 때문이다. 예를 들면, 브라질 최대 육가공회사 JBS는 수출호조에 힘입어 올해 '역대급 실적'을 예상하고 있지만, 주가는 올해 들어 10월 9일까지 25% 하락하였다. 브라질 삼림이 벌채된 구역에서 사육되는 소를 구매하는 기업이란 비판이 일자 노르웨이 연기금 등이 '투자 보이콧'을 선언한 여파이다. 환경, 노동 등의 이슈를 강조하는 미국의 바이든 대통령은 2025년까지 탄소 조정세를 도입하는 공약을 내세우고 있다. 이산화탄소를 배출하는 화석연료를 많이 쓰는 나라의 물건을 수입할 때 무거운 관세를 물리는 것이 이 공약의 골자이다.

각국 정부는 ESG 규범을 준수하는 기업에 지원을 늘릴 것으로 보이며, 이런 현상이 세계적 흐름이 되리라고 예상된다. ESG 경영에서 앞서가는 유럽에서는 새로운 국제회계기준(IFRS)에 ESG를 재무제표에 반영하는 것을 검토하고 있다. 즉, 각 기업의 ESG 활동을 측정한 후 그 데이터를 회사 자산으로 잡는 방법을 연구하는 것이다.

RE100(Renewable Energy 100) 운동(campaign)은 전기소비 주체가 2050년 이전까지 소비 전력의 100%를 태양광, 풍력 등 재생에너지로 사용할 것을 선언하는 자발적 글로벌 캠페인으로 영국 비영리 기구 '더 클라이미트 그룹(The Climate Group)'이 2014년, 처음 시작되었다. 2020년 10월 말을 기준으로 구글, 애플, 월마트, GM, BMW, 이케아 등 264개의 글로벌 기업이 이에 참여하고 있으며, 연간 100 GWh 이상을 사용하는 전력 다소비 기업이 대상이다. 삼성전자와 파운드리(반도체 수탁 생산) 분야에서 경쟁하고 있는 대만의 간판 기업 TSMC도 지난 7월에 RE100에 참여한다고 발표하였다. RE100에 가입 신청서를 제출하면 런던 본사의 검토를 거쳐 가입이 최종 확정된다. 가입 후 1년 안에 이행계획을 제출하고 매년 이행상황을 점검받게 되며, 재생에너지 사용 비중을 2030년 60%, 2040년 90%로 단계적으로 끌어올려야 가입자격이 유지된다. 전 세계적으로 2020년 11월 26일을 기준으로 RE100에 가입한 기업의 수는 269개로 알려져 있다.

삼성전자를 비롯하여 국내 기업들은 재생에너지만 따로 공급받는 것은 불가능하다. 왜냐하면 한국전력이 생산되는 모든 전기 에너지를 합쳐서 공급하기 때문에 에너지원별로 구분되지 않는다. 또한 재생에너지 공급량이 충분하지 않아 산업 부문의 사용 비중은 한 자릿수에 불과하다. 이런 부담 때문에 그동안 RE100 참여를 공식 선언한 기업이 없었다. 국내 기업으로는 최초로 SK 그룹의 8개 회사[SK(주), SK 텔레콤, SK하이닉스 등]가 한국 RE100 위원회에 2020년 말에 신청서를 제출하였다고 한다. 그러나 이런 가입은 선언적인 의미가 강하다. 우리나라는 기후변화에 대응하여 탄소배출 저감을 위한 배출권 거래제 등의 제도를 시행하고 있으나, 아직은 RE100을 위한 제도적 기반이 마련되지 않아 아직 국내 기업의 RE100 참여가 이루어지지 않고 있다. 신재생 발전 전력을 구매할 수 있는 제도들이 마련되어 있지 않고, 정부의 인센티브도 없기 때문이다. 앞으로 기업의 현실적 고충을 감안하여 정부가 제도와 규제 혁신에 나서야 하겠지만, 우리나라는 현재 유럽이나 미국에 비하여 RE100에 참여하도록 권장하는 분위기가 성숙해 있지 않은 상황이 현실이다.

향후에 만약 애플처럼 ESG에 신경 쓰는 기업들이 RE100 제품만 공급받겠다고 선언하면 우리 기업들은 애플에 부품이나 소재를 납품하기 어렵게 될 것이다. 즉, RE100의 선봉에 선 글로벌 기업들이 부품과 소재를 납품받을 때 RE100에 가입한 기업들만을 찾게 되면 우리 기업들은 어려움에 처할 소지가 크다. 예를 들면, LG화학과 합작으로 미국에서 배터리 공장을 짓고 있는 GM은 2030년까지 미국 내 제조시설의 전력 100%를 재생에너지를 통해 조달하기로 했는데, GM이 LG화학에 RE100 참여를 요구할 수 있다. 또한 삼성SDI의 전기차 배터리를 가장 많이 구매하는 BMW도 연내 필요 전력의 3분의

2 이상을 재생에너지를 사용하겠다고 약속하고 있는데, BMW가 삼성SDI에 어느 정도의 재생에너지 사용을 요구할 수도 있다.

최근 정부(산업통상자원부)에서는 '녹색요금제' 등 재생에너지 사용 인정제도를 도입할 계획이 있음을 밝혔다. '녹색요금제'란 일반 전력요금에 프리미엄을 더한 요금을 지급하여 재생에너지 전력을 구매하였다는 증명서를 받는 제도이다. 이외에도 정부는 전력 수요자가 재생에너지 생산자와 직접 또는 간접적으로 거래할 수 있는 제도를 도입할 것을 검토하고 있다. RE100에 가입하는 SK 계열사들은 재생에너지 발전사업자 · 한국전력과 계약을 맺고, 재생에너지를 공급받는 '제3자 전력구매계약(PPA)', 재생에너지 발전 사업의 지분 투자 등으로 재생에너지 사용 비율을 늘려나갈 계획이다. 재생에너지 발전 사업에 투자하면 재생에너지를 사용한 것으로 인정받을 수 있다. SK그룹은 최고협의기구인 스펙스 추구협의회 산하에 환경위원회를 신설하고 RE100 업무를 다루며, SK 주력 분야인 에너지 · 화학 산업의 핵심이 환경이라는 것을 대외적으로 선언하기로 하였다.

글로벌 친환경 규제가 강화되는 상황에서 ESG 경영이나 RE100 가입은 세계적인 트렌드를 따라가는 것이며, 수출 경쟁력 향상에 기여할 것이다. EU가 최근 탄소국경세 도입을 검토하는 등 국제사회는 친환경 규제를 한층 강화하고 있다. 특히 무역의존도가 높은 국내 기업으로선 수출 경쟁력 강화를 위해 ESG 경영이나 RE100과 같은 친환경경영 도입은 필수적이 될 가능성이 크다.

기후변화 대응을 강조하는 ESG 경영

ESG 경영에서는 특히 기후변화에 대응하기 위한 온실가스(이산화탄소가 주범) 배출을 억제하는 데 큰 관심이 있다. 세계 기관투자자들이 ESG 투자원칙에 이산화탄소 감축을 강화하고 있다. 상대적으로 한국과 일본 기업은 이산화탄소(CO_2) 배출에 상대적으로 소극적이어서 글로벌 자금에 외면받을 수 있다는 우려가 나오고 있다.

'Earth System Science Data'에 의하면 2019년도 전 세계 이산화탄소배출량은 36,441 Mt(100만 t)으로 기후변화의 주요 원인으로 손꼽히고 있다. 국가별 이산화탄소배출량 순위에서 1위는 중국인데, 상위 10개국과 이산화탄소배출량 통계를 보면 〈표 4.4〉와 같다. 한국은 9위로 상위에 속하는데 1~8위 국가들이 모두 한국보다 많은 인구를 가진 나라이므로, 국민 1인당 이산화탄소배출량을 계산하면 한국은 이들 상위 10개국 중 미국 다음으로 2위이다. 국가적인 기후변화 대응 전략이 필요하다고 말할 수 있겠다. 이산화탄소배출량이 많은 나라는 산업이 발달한 선진국이거나 석유산업이나 농업이 발달한 나라들이다. 산업이 발달한 나라의 경우에는 생산에 필요한 과정에서 이산화탄소배출이 많고, 전력 생산에서 화석연료의 사용이 많다. 또한 석유산업이나 농업이 발달한 나라의 경우는 석유 시추 및 정제, 운송의 과정에서 많은 일산화탄소가 배출되고, 농업과 목축업 역시 이산화탄소를 다량 배출하기 때문이다.

이산화탄소배출량을 줄이기 위한 노력의 하나로 EU는 지구 온난

표 4.4 세계 국가별 이산화탄소배출량 상위 10개국 (단위: Mt)

순위	국가	이산화탄소배출량
1	중국	10,175
2	미국	5,285
3	인도	2,616
4	러시아	1,678
5	일본	1,107
6	이란	780
7	독일	702
8	인도네시아	618
9	한국	611
10	사우디아라비아	582

출처: 글로벌 카본 아틀라스 2019년 세계탄소배출량, www.globalcarbonatlas.org/en/CO2-emissions

화 대책에 소극적인 국가에서 만든 제품에 관세를 매기는 '국경탄소세'를 검토하고 있다고 한다. 국경탄소세가 도입되면 유럽 시장에서 한국과 일본 기업의 경쟁력이 떨어질 가능성이 크다는 분석이 지배적이다.

사회적책임투자

ESG는 하나의 트렌드에 불과하였지만, 앞으로는 생존의 문제가 되리라고 예상한다. 세계적으로 그린뉴딜이 도입되고 주주행동주의가 강해지면서 사회적책임투자(Social Responsible Investment, SRI)가 요구되고 있다(한국경제신문, "생존 키워드 된 ESG… 실적 좋은 '착한 기업'에 투자하세요." 2020. 12. 21.). 사회적책임투자란 기업이나 금융사가 주식 채권 등 금융자산에 투자할 때 무기, 아동노동 착취, 환경오염 등 사회적으로 해로운 계약이나 기업에는 투자하지 않는 등 투자의 대상과 방식을 선별한 투자를 말한다. 즉, 투자의사결정 시 기업의 재무적 요소뿐만 아니라 ESG(환경, 사회, 지배구조) 요소와 같이 기업의 지속가능성에 영향을 주는 요소들을 보고 투자하는 것을 말한다. 국내에서도 사회적책임투자 개념이 도입되고 있다. 주요 대기업이 ESG 경영을 선언하고, 국민연금 등 기관들도 ESG 투자를 확대하고 있다. 주력 사업을 잘 키우면서 사회적책임까지 다하는 기업을 주목해야 한다는 분위기가 확산하고 있다.

2020년 12월 20일, 하나금융투자에 따르면 〈그림 4.5〉에서 보는 바와 같이 글로벌 ESG 투자자금은 지난 2분기 말 40조 5,000억 달러(약 4경 4,530조 원)를 돌파하였다. 이 가운데 ESG 기업에만 투자하는 ESG 상장지수펀드(ETF) 규모는 880억 달러까지 커졌다. 6개월 만에 작년 580억 달러(ETF 기준)를 훌쩍 넘어선 것이다. 연기금, 운용사 등 큰 손들이 '네거티브 스크리닝' 방식으로 투자를 집행하면서 중요성이 더욱 커지고 있다. 네거티브 스크리닝이란 ESG 관점에서 부정적인 기업을 포트폴리오에서 제외하는 방식이다. ESG에 역행하면 투자 유치 역시 힘들어지리라는 분석이 나오는 배경이다.

7조 달러(약 7,690조 원)를 굴리는 세계 최대의 자산운영사 블랙록(Blackrock, 뉴욕에 본사, 자산운용 서비스 업체)의 운용 기조는 이런 분

그림 4.5 글로벌 ESG 투자자산 증가 추세
출처: 하나금융투자

위기를 나타내준다. 블랙록은 총매출의 25% 이상을 석탄을 사용한 생산·제조에서 벌어들이는 기업을 올해 주식·채권 포트폴리오에서 제외하였다. 이와 함께 이사회에 여성이 2명 미만인 기업도 배제하겠다는 방침을 세웠다. 지난달 국민연금도 2022년까지 전체 자산의 50%를 ESG 기업에 투자하겠다고 밝혔다. ESG가 D등급인 종목은 내년부터 벤치마크 대비 비중을 초과하여 편입하지 않겠다는 방침이다.

지속가능경영의 평가기준은 GRI의 지속가능경영보고서 작성 기준

03 지속가능경영, 사회적책임경영과 ESG 경영의 비교

을 보면 알 수 있고, 사회적책임경영은 ISO 26000을 보면 알 수 있다. ESG 경영은 아직 세계적으로 인정되는 기준은 없으나 앞에서 설명된 ESG 4대 평가요소(환경, 사회, 지배구조, 책임투자)를 기준으로 하면 좋을 것이다. 이들의 주요점을 비교하면 〈표 4.5〉와 같다.

지속가능경영은 GRI의 지속가능경영보고서 작성 기준(GRI Standards)이 중요한 가이드라인으로, Triple Bottom Line(경제, 사회, 환경)에서 성과를 지속가능하게 내는 것이 핵심이다. 기업이 사회 및 환경 측면의 요구사항을 만족시키면서 기업이 지속가능하고 경제적 성장을 도모하기 위한 것으로, GRI Standards에 의하여 지속가능경영보고서를 작성하고 GRI에 보고하는 것을 권장하고 있다.

사회적책임경영은 기업이 사회를 위해 가지는 책임과 의무를 실천하는 경영으로 국제표준인 ISO 26000에 상세히 설명되어 있으며, 기업이 사회와 더불어 공생하며 살아가는 가치를 중요시한다. 핵심 주제 7가지 중 사회(5가지), 환경(1가지), 지배구조(1가지)로 구성되어

표 4.5 지속가능경영, 사회적책임경영, ESG 경영의 비교

측면	지속가능경영 (GRI 지속가능 경영보고서 기준)	사회적책임경영 (ISO 26000 기준)	ESG 경영 (각종의 평가지수 기준)
환경적 측면	· 지역사회의 환경보전 · 에너지, 원자재, 유해물질 배출, 생태계 영향 · 규정준수, 환경 불만처리 등	· 환경은 핵심 주제 7가지 중 하나이며, 4개 이슈(오염예방, 지속가능한 자원 이용, 기후변화 대응, 환경보호·생물다양성·자연 서식지 복원)로 구성	· 청정생산기술, 기후변화 대응, 탄소배출, 유독물질 배출, 친환경 제품 · 천연자원 관리, 환경오염방지, 환경에 관한 정보공개 등
사회적 측면	· 사회발전에 참여, 윤리적으로 존경받는 기업 · 사내 복지, 노사관계, 차별방지, 지역사회 관계 등	· 사회적 측면이 가장 강조되며, 핵심 주제 7가지 중 5개(인권, 노동관행, 공정운영관행, 소비자 이슈, 지역사회 참여)임 · 5개 핵심 주제 안에 32개 이슈가 있음	· 고용 평등, 고용 다양화, 인력자원관리, 산업 안전, 공정경쟁 · 인권, 고객·종업원·지역 주민의 건강과 안전, 사회적 봉사활동 등
경제적 측면 (지배구조 측면)	· 건강한 기업으로 지속적 경제성장 · 부패방지, 세금 납부, 공정한 구매활동 등	· 조직 거버넌스(지배구조)가 핵심 주제 중 하나이며, 의사결정 과정과 구조를 중시함	· 이사회의 다양성, 주주권리 보호, 정보의 공개, 임원의 보수 관리 등 지배구조 측면 강조 · 책임투자 원칙 준수
특징	· Triple Bottom Line(경제, 사회, 환경)의 균형 잡힌 성과를 내면서 기업이 지속가능한 경제성장을 위한 경영 · 'GRI Standards'에 의한 지속가능경영보고서 제출 · 유엔의 지속가능발전목표(SDGs)가 달성되도록 기업이 지원하는 것이 지속가능경영의 일부분임.	· 조직이 사회적으로 책임과 의무가 있는 사회적 측면이 강조되는 경영으로, 사회적 측면 〉 환경적 측면 〉 경제적 측면 순서임. · ISO 26000 국제표준을 따르도록 권유함 · 기업의 사회적책임, 사회적가치 실현을 우선시하는 경영	· ESG(환경, 사회, 지배구조)에서 환경경영을 우선하면서 사회와 지배구조의 건전성을 요구함 · 기업의 금융투자활동에서 책임투자원칙(PRI) 준수를 요구함 · 기업의 환경경영을 우선하면서 유엔협력기구인 UNPRI를 통해 PRI 확산

있으며, 처음에는 기업의 사회적책임(CSR)으로 시작하였으나 지금은 모두 조직에 적용되는 사회적책임(SR)으로 발전하고 있다.

ESG 경영은 환경, 사회, 지배구조 중에서 환경경영을 우선시하여 강조하고 사회와 지배구조에서도 기본적인 요구사항이 강하다. 또한 추가적으로 금융활동에서의 책임투자활동 평가 등을 강조하고 있으며, 투자환경을 평가하고 권고하는 지수 등의 정보를 제공한다. 특히 환경 측면에서는 기후변화 대응, 탄소배출, 청정생산기술 등을 중요시하고 있다.

04 새로운 모델: 지속가능 ESG 경영

S-ESG 경영 모델

ESG 경영은 기업경영에서 환경, 사회, 지배구조의 3가지 비재무적인 측면에서 건전한 기업이 되기 위한 기업활동을 말한다. 물론 이와 같은 3가지의 비재무적인 측면의 건전성도 중요하지만, 기업이 지속가능하게 성장하는 재무적인 측면도 중요하다. 따라서 필자들은 ESG 경영에 추가하여 지속가능한(sustainable) 경제성장을 결합해서 지속가능 ESG 경영[이를 Sustainable ESG(S-ESG)라고 칭한다.]의 새로운 패러다임을 제안하고자 한다. 따라서 S-ESG 경영의 비전을 '지속가능성장을 통한 기업가치와 국민 삶의 질 제고'로 정하였다. 기업가치의 제고는 비재무적인 환경, 사회, 지배구조 측면에서의 건전성을 바탕으로 재무적인 지속가능성장을 달성할 때 가능하다고 판단한 것이다.

S-ESG 경영의 바탕에는 '지속가능한 ESG 경영의 환경 및 인프라

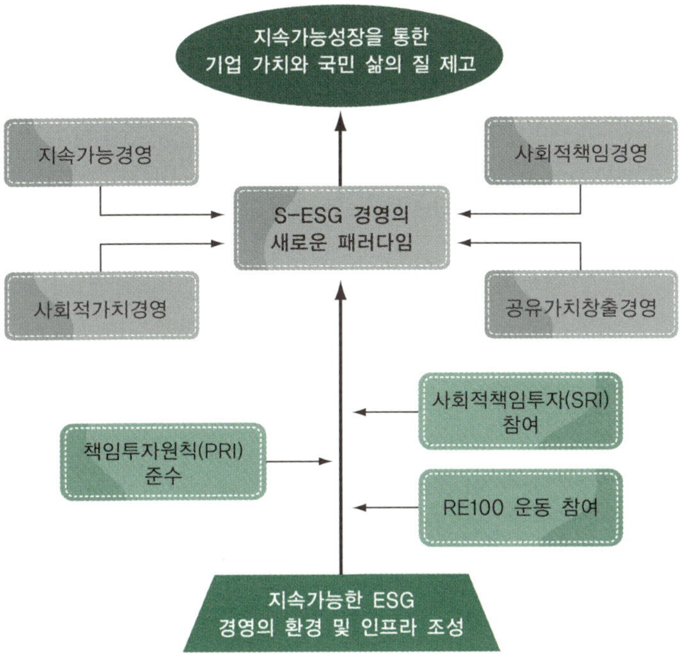

그림 4.6 S-ESG 경영 모델

조성'이 필요하다. 이를 위해서 기업이 사회적책임경영 국제표준인 ISO 26000, 품질경영 국제표준인 ISO 9001, 환경경영 국제표준인 ISO 14001 등의 표준화 조성이 필요하고, 더 나아가서 높은 수준의 GRI 지속가능경영보고서를 작성한 적이 있어야 한다. 또한 중요한 것은 건전한 지배구조(sound governance structure)를 가지고 있어야 한다. 그런 다음 S-ESG 경영 모델을 실천하기 위해서는 책임투자원칙(PRI) 준수, RE100 운동에 참여, 그리고 사회적책임투자(SRI)에 참여하는 것이 바람직하다. 또한 S-ESG 경영의 새로운 패러다임은 지속가능경영, 사회적책임경영, 사회적가치경영과 공유가치창출경영의 장점을 도입하고 ESG 경영의 본질을 살려나가는 것으로, 이를 통해 경제, 사회, 환경의 세 분야 업적인 'Triple Bottom Line'을 모두 우수하게 하는 것이다.

ESG 경영은 본질적으로 환경적 측면에 중점을 두며, 지속가능경영과 공유가치창출경영은 경제적 측면을 강조하고, 사회적책임경영과 사회적가치경영은 사회적 측면을 중시한다. 이들의 장점을 혼용하여 살리면 비로소 S-ESG 경영이 가능한 것이다.

S-ESG 경영의 비전과 실천 전략

S-ESG 경영 비전

〈그림 4.6〉에 제시된 S-ESG 경영 모델은 그 비전을 '지속가능성장을 통한 기업가치와 국민 삶의 질 제고'로 정하였다. 여기에는 다음의 내용이 포함된다.

① 기업은 ESG(환경, 사회, 지배구조) 요소들을 충실히 이행하고, 경제적으로도 지속가능하게 발전할 수 있도록 경영한다.
② 기업은 국가 운영의 하나의 조직으로 국민의 삶의 질을 높이고, 모든 이해관계자(주주, 종업원, 지역주민, 소비자 등)를 만족하게 하는 경영을 해야 한다.

③ 기업은 국내만이 아니라 국제적인 하나의 조직임을 인식하고, 국내외 법·제도·규범을 준수하며, 인류가 살기 좋은 지구촌을 만들기 위해 전 세계적으로 추진되고 있는 기후변화 대응 및 탄소중립 등의 정책에 적극적으로 참여해야 한다.

우리 정부에서 발표한 기후변화 대응을 위한 '탄소중립 2050' 선언은 2050년까지 탄소(주로 이산화탄소)배출량(+)을 감소량(−)으로 메워 탄소 제로를 달성하겠다는 선언이며, 이를 통해 기후변화에 적극적으로 대응하겠다는 태도이다. '탄소중립 2050'이 실현될 수 있다면 지구촌의 온난화 문제에 크게 기여하는 것이다. 〈그림 4.7〉은 적극적인 환경경영을 통해 탄소중립을 실현하고 지구촌의 생태계를 보전하겠다는 인류의 의지를 나타내고 있다. 이런 노력이 S-ESG 경영의

그림 4.7 탄소중립을 통해 지구촌 생태계 보존

하나의 비전이다.

S-ESG 경영이 유사한 기타 경영시스템으로부터 가져올 점

S-ESG 경영은 이미 기존에 사용되고 있는 지속가능경영, 사회적책임경영, 공유가치창출경영, 사회적가치경영과 상당히 유사한 부분이 있고 이들로부터 배울 점들이 있다. 즉, S-ESG 경영시스템을 구축할 때 이들 유사 경영들로부터 우수한 점을 가져올 필요가 있다. 이들을 살펴보자.

① 지속가능경영으로부터 가져올 점

지속가능경영의 기본 개념은 〈표 4.1〉에서 명시한 바와 같이 세 가지로 환경보전, 사회발전과 윤리경영, 그리고 경제성장이다. 이 중에서 경제성장은 건강한 기업으로서의 경제성장이며, 이는 국가의 지속가능발전과 국민의 삶의 질 개선에 기여한다. 따라서 지속가능경영으로부터는 'Tripple Bottom Line(경제, 사회, 환경)'을 달성하되 경제성장을 중시하는 개념을 가져오는 것이 바람직하다.

② 사회적책임경영으로부터 가져올 점

사회적책임경영 국제표준인 ISO 26000에서는 〈그림 2.6〉에서 설명한 바와 같이 핵심 주제 7가지가 있으며, 이 중에서도 기업 업무의 공정운영(fair operation)과 소비자 이슈(consumer issues) 등은 S-ESG 경영에서도 도입하는 것이 바람직하다. 공정운영은 부패·뇌물·갈취 행위가 없고, 보복 없는 고발제도, 투명한 로비, 구매·분배·계약의 공정성 등을 말한다. 소비자 이슈는 지속가능한 소비 지향, 합리적인 유지·보수 서비스, 소비자 권익 보호 등을 말한다.

③ 공유가치창출경영으로부터 가져올 점

공유가치창출경영에서는 지역사회와 가치를 공유하는 사업을 찾아서 지역사회와 협력함으로써 기업과 지역사회가 서로 'win-win' 하는 전략을 가져올 필요가 있다. 이런 전략은 ESG 경영의 새로운 패러다임을 보강하여 줄 것이다.

④ 사회적가치경영으로부터 가져올 점

사회적가치경영에서는 〈표 4.3〉의 평가지표에서 보듯이 '사회적가치(social value)' 업무로 일자리 창출, 균등한 기회와 사회통합, 국민참여, 열린 혁신, 국민 소통 등을 들고 있다. 이러한 사회적가치 개념을 도입하여 S-ESG 경영에서도 중요한 가치 개념으로 발전시킬 필요가 있다.

S-ESG 경영의 실천 전략

S-ESG 경영을 기업에서 실천해가기 위해서는 기업 차원에서의 전략이 필요하다. 필자들의 생각으로는 다음과 같은 3단계 전략이 좋을 것으로 본다. 이런 3단계 전략을 제대로 수행하기 위해서는 전담팀(예를 들어, S-ESG 경영 추진팀)을 구성하여 운영하는 것이 바람직하다.

① 1단계: S-ESG 경영의 비전을 세운다. 〈그림 4.6〉에서 제안한 바와 같이 하나의 비전으로 '지속가능성장을 통한 기업가치와 국민 삶의 질 제고'를 잡아도 좋고, 기업의 특색을 살려 유사한 비전을 정하여도 좋다. 이러한 장기적 비전을 달성하기 위한 기본적인 환경 및 인프라를 조성할 필요가 있으며, 이를 위하여 다음과 같은 기본적인 활동들이 필요하다.

· 기업의 지속가능한 성장은 우선적으로 탄탄한 품질경영 위에 경제적 성과를 달성해야 한다. 품질경영시스템으로 품질경영 국제표준인 ISO 9001을 사용하는 것이 좋다.
· 기본적인 환경경영이 이루어져야 한다. 환경경영을 위해서는 환경경영 국제표준인 ISO 14001이 좋다.
· 기업의 사회적책임 시스템을 가동하는 것이 바람직하다. 이를 위해서는 사회적책임 국제표준인 ISO 26000을 따르는 것이 좋다.
· ISO 9001, ISO 14001, ISO 26000 등의 채택으로 어느 정도 품질경영, 환경경영, 사회적책임경영시스템이 갖추어지면 GRI 지속가능경영보고서를 작성하여 기업의 수준을 평가해볼 필요가 있다.

② 2단계: 다음 단계로 S-ESG 경영 체제를 구축하기 위해서는 세 가지의 주요 ESG 활동으로 책임투자원칙(PRI) 준수, 사회적책임투자(SRI) 참여, RE100 운동 참여가 필요하다. 책임투자원칙은 기업이 투자할 ESG 요소를 고려하여 투자하는 원칙으로 여섯 가지 원칙이 있다. 사회적책임투자는 기업이 투자할 때 책임투자원칙을 잘 따르는 기업에 투자하는 것을 말한다. RE100(Renewable Energy 100%) 운동은 2050년까지 소비 전력

의 100%를 태양광, 풍력, 재생에너지 등을 사용하여 탄소배출을 최소화하겠다는 운동이다. 이러한 세 가지의 ESG 활동에 기업이 적극적으로 동참하는 것이 ESG 경영으로 가는 길이다.

③ 3단계: 마지막 단계로 S-ESG 경영의 새로운 패러다임을 형성하고 기업의 경영 특색에 맞는 자체적인 ESG 경영을 실행해 나가는 것이다. 이 때 지속가능경영, 사회적책임경영, 공유가치창출경영, 사회적가치경영 등의 장점을 채택하는 것이 바람직하다.

위와 같은 3단계 시스템이 구축되면 이를 실천해 나가고, 그 실천 여부를 점검하기 위해서 매년 정기적으로 감사하여 미비점을 점검하면서 개선해 나갈 필요가 있다. 이와 같은 3단계 실천 전략을 구사한다면 S-ESG 경영은 기업에 공고히 뿌리를 내릴 것이다.

05 지속가능 ESG 경영의 기타 과제들

미래가치창출 투자로서의 지속가능 ESG 경영

기업에서 ESG 경영을 준비하기 위해서는 비용이 들어간다. ESG 담당자를 두어야 하고, ESG 위원회도 조직하여 운영해야 한다. 그리고 환경보전을 위한 재활용 및 폐기물 설비 비용, 사회공헌 활동 비용, 지역사회를 돕기 위한 비용 등이 들어간다. 따라서 손익계산에 밝은 기업들은 ESG 경영을 도입함으로 인해 발생하는 미래가치창출이 어느 정도인가를 따지지 않을 수 없다. 즉, 'ESG 경영이 기업에게 미래가치를 얼마나 창출해주는가? ESG 경영은 가치 있는 투자인가?' 등의 질문을 해야 한다. 비용과 미래가치를 따질 때 다음의 질문을 하는 것이 좋다.

① ESG 활동이 기업의 이미지 제고에 얼마나 도움이 되는가?

② ESG 활동으로 기업의 종업원들이 얼마나 자부심을 느끼게 되

는가?

③ 환경, 사회, 지배구조 개혁이 기업의 지속가능경영에 얼마나 도움이 되는가?

④ ESG 활동은 기업의 미래가치창출에 투자로서 얼마나 도움이 되는가?

⑤ ESG 경영을 얼마나 지속가능하게 해나갈 수 있는가?

위와 같은 질문에 ESG 담당자나 임원은 솔직한 분석을 해보아야 한다. 결국 ESG 경영의 도입 여부와 지속 여부는 CEO와 이사회가 기업의 장기 발전 비전을 어떻게 설정하고 전략을 어떻게 구사하느냐에 달려 있다고 볼 수 있다. 그러나 궁극적으로 ESG 경영은 국제적인 탄소배출량 감소 노력 등으로 인하여 기업경영의 기본적인 필수요소가 될 것이기 때문에 도입하지 않을 수 없을 것이다. 향후 ESG 경영은 기업의 선택이 아닌 필수요소 경영이 될 가능성이 상당히 높다.

기업은 투자와 대출 등의 활동을 하지 않을 수 없다. ESG 경영에서 거론되는 책임투자원칙(PRI), 사회적책임투자(SRI), RE100 운동 참여 등은 향후 기업 활동과 관련된 필수 항목이 될 것이다. 그리고 기업의 모든 이해관계자(고객, 주주, 종업원, 지역 주민 등)가 기업이 ESG 경영에 적극적으로 참여하고 있는지에 대해 관심을 가질 것이며, 이는 기업에게 압박으로 작용할 것이다. 결국 기업은 장기적인 안목에서 미래가치창출을 위해 지속가능한 ESG 경영을 도입하는 것이 기업 생존에도 유익하다는 것을 인식하고, 앞으로 모든 기업이 참여하리라고 예상된다.

중소기업(스타트업 포함)의 지속가능 ESG 경영

ESG 경영은 인력이 풍부한 대기업만 하는 것인가? 스타트업을 포함한 중소기업들은 ESG 경영에 참여하기 어려운가? 중소기업은 ESG 전문조직 설치, 제품 생산 전 과정에서 탄소배출 저감 시행 등의 노력에 어려움이 있다. 그러나 중소기업도 국제적으로 ESG 경영을 외면할 수 없는 환경이 조성되는 현실을 인정해야 한다. 해외 시장을 목표 삼아 사업을 전개하는 중소기업은 EU와 미국 등에서 ESG 활동을 강화하는 추세를 고려하지 않을 수 없다.

최근 미국 바이든 행정부는 향후 자유무역협정(FTA) 체결과 개정 시 환경과 인권 등의 규범을 최우선시할 것을 천명하였다. 아무리 저렴하고 우수한 제품을 출시하여도 제조 과정에서 환경 파괴나 비윤리적 행위가 발견되면 수출이 금지된다. RE100 운동은 현재로는 대기업을 위주로 시행되고 있다. 그러나 앞으로는 이 운동도 해당 기업만이 아니라 제품의 공급망에 참여하는 협력사까지 재생에너지 사용을 요구할 것이므로 자동적으로 공급망에 참여하는 중소기업 역시 ESG 경영에 참여하지 않을 수 없을 것이다.

ESG 요소를 고려하는 책임투자 규모가 매년 전 세계적으로 증가

함에 따라 채권, 대체투자(사모펀드, 해지펀드, 부동산, 원자재 등에 투자 등) 등으로 투자자산군이 확대되면서 중소기업과 비상장기업에 대한 ESG 정보공개 요구가 강화될 것이다. 2021년 1월, 금융위원회는 한국형 그린뉴딜 정책의 일환으로 2030년까지 전체 코스피 상장사 대상으로 '지속가능경영보고서' 발간을 의무화하겠다고 밝혔다. 이는 중소기업들도 ESG 경영 참여가 필수화될 것이란 의미이다.

은행권에서도 대출 심사 요건으로 기업의 ESG 수준을 고려하겠다는 계획을 발표하고 있다. 따라서 자본 조달 측면에서 중소기업은 ESG 경영을 하도록 압박받고 있는 것이 현실이다. 중소기업들도 미룰 것이 아니라 선제적으로 ESG 경영에 뛰어드는 것이 현명하다고 생각한다. 앞으로는 비슷한 제품 중에서 ESG를 고려한 제품에 고객들은 더 많은 관심을 가질 것이다. 따라서 중소기업은 자사의 경쟁력 원천(혁신 기술, 가격 경쟁력 등)과 결합하여 경쟁우위를 창출하기 위해서라도 ESG 경영을 필수적으로 선택하여야 할 것이다.

ICT로 가속화되는 ESG 디지털변환

ESG 디지털변환(DX, digital transformation)이란 ESG와 관련된 활동들에 ICT 기술[빅데이터, 인공지능(AI), 5G, 사물인터넷(IoT), 클라우드 등]을 접목하여 데이터에 기반한 업무의 효율성을 높이는 동시에 경영성과에 대한 객관성과 정확성, 신뢰 및 투명성을 높이는 활동을 말한다. ESG 경영에는 나날이 늘어나는 방대한 데이터 수집, 저장, 처리, 분석, 정보 창출 등을 위해 AI, 클라우드, 빅데이터 등을 활용해야 한다. 따라서 ESG DX에 의해 모든 ESG 정보들을 데이터로 관리하고, 기존 ESG 경영에서 수행하기 어려웠던 활동 등을 ICT 도입으로 해결하는 등 혁신적인 '디지털 전환'을 꾀할 필요가 있다. 특히 스마트공장(smart factory)을 운영하는 기업들은 ESG DX의 필요성이 더욱 높다.

본래의 ICT 기업은 ESG DX에서 유리하다. 자사가 보유한 ICT 역량을 ESG 활동에 우선적으로 활용할 수 있기 때문이다. 데이터 산업도 ESG DX에서 앞서갈 수 있다. 매년 발 빠르게 성장하는 데이터 산업에서 모범적으로 ESG 경영을 ESG DX로 운영한다면, 우리나라에서 ESG 경영을 도입하는 데 데이터 산업이 모범적인 역할을 감당할 수 있을 것이다.

ESG 경영 중에서 탄소배출, 유해성 물질 배출, 전력 낭비, 클린테크, 그린 빌딩 등 환경 분야에서는 오래전부터 '그린 IT' 개념의 활동이 추진되었다. 그린 IT에서는 AI나 로봇 등을 활용하여 폐기물을 처리하고 에너지를 적정하게 관리하는 등 그 활용 범위가 확대되고 있다. 앞으로는 ESG 경영에서 ICT의 역할이 더욱 확대될 것이다. 예를 들어, 사회 분야에서 직원들의 건강, 노무관리를 비롯하여 제품 생산과정에서의 안정성과 유해성 관리, 개인정보 보호, 그리고 지역사회의 발전을 돕는 사회공헌활동 등에서 ICT가 차츰 큰 역할을 감당해 갈 것이다.

예를 들면, 마이크로소프트(MS)사는 ESG 평가에서 높은 등급을 받고 있는데 2020년 9월, 'Water Positive' 정책을 발표하여 눈길을 끌었다. 이 정책은 자사의 ICT 역량을 활용하여 2030년까지 글로벌 지역에 산재해 있는 자사 캠퍼스에서 사용하는 물의 사용량을 줄이고, 물 재활용 시스템을 통해 재생수를 보급하는 정책이며, 이는 환경(E)과 사회(S)에 모두 도움이 되는 정책이다. 앞으로 '그린 IT'는 '그린 AI'로 차츰 진화하리라고 예상된다.

한국판 뉴딜 정책과 ESG 경영

앞에서 언급된 ESG 경영에서의 디지털 변환, 그린 IT 등이 '디지털 뉴딜'과 '그린뉴딜'을 강조하는 '한국판 뉴딜'과 깊은 관련이 있으므로, '한국판 뉴딜' 정책을 소개하고자 한다. 2020년 2월에 시작된 코로나19 사태로 인하여 전 세계적으로 경제가 침체되고, 특히 우리나라는 무역을 통하여 경제성장이 있는 나라이므로 이번 코로나 사태로 받는 경제적 영향이 크다. 국내 경제를 활성화하기 위하여 문재인 정부는 〈그림 4.8〉에서 요약되는 한국판 뉴딜 계획을 발표하였다. 문 대통령은 2020년 7월 14일, 청와대에서 '한국판 뉴딜 국민보고대회'를 열고 "한국판 뉴딜은 선도 국가로 도약하는 대한민국 '대전환 선언'이자 '새로운 100년의 설계'"라며 "2025년까지 국고 114조 원을 직접 투자하고, 민간과 지자체가 46조 원을 투자하여 총 160조원을 투입할 것"이라고 밝혔다. 이를 통해 190만여 개의 일자리를 창출하겠다는 의지도 밝혔다.

이 뉴딜 계획은 세 가지 주요 사업으로 나누어지는데, 첫 번째는

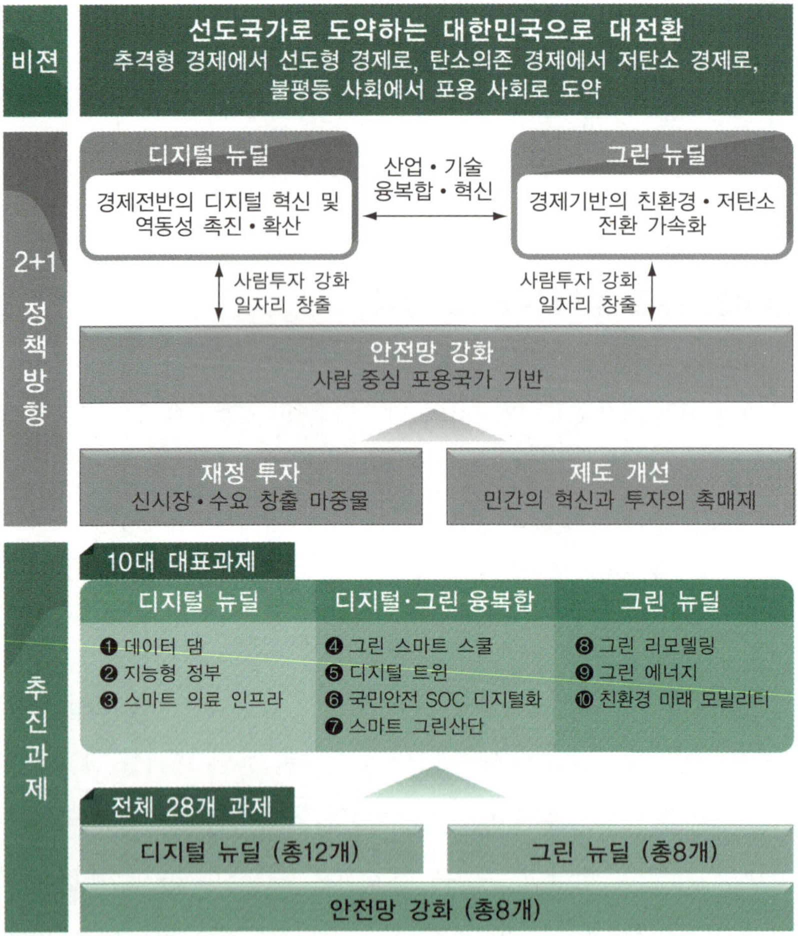

그림 4.8 한국판 뉴딜의 비전, 정책 방향과 추진과제

'디지털 뉴딜'로 2025년까지 58.2조 원(국고 44.9조 원)을 투자하여 90.3만 개의 일자리를 창출하고, 주요 추진과제로는 데이터 댐, 지능형 정부, 스마트 의료 인프라 구축 등 12개 과제로 구성되어 있다. 디지털 뉴딜은 경제 전반에 디지털 혁신 및 역동성을 촉진하고 확산하는 정책으로 ESG 경영의 사회(S)와 관련이 있다. 그리고 '그린 뉴딜'은 가장 많은 73.4조 원(국고 42.7조원)을 투자하고 일자리 65.9만 개를 만들면서 주요 사업으로는 그린 리모델링, 그린 에너지, 친환경 미래 모빌리티 등 8개 과제가 들어있다. 그린뉴딜은 경제 기반의 친환경, 저탄소 전환 가속화 등 ESG 경영의 환경(E)과 깊은 관련이 있다. 마지막은 '안전망 강화'로 28.4조 원(국고 26.6조 원)을 투자하고 일자리 33.9만 개를 만들며, 사람 중심의 포용적인 국가를 건설하기 위한 주요 추진과제로는 전 국민 대상 고용 안전망 구축, 디지털·그린 인재 양성 등 8개 과제가 들어있다. 이 안전망 강화는 ESG 경영 측면에서 보면 국가적인 측면에서 지배구조(G)에 해당한다고 볼 수 있다. 한국판 뉴딜 정책은 문재인 정부의 혁신성장을 하고자 하는 의지가 들어있는 만큼 높이 평가할 만하며, 그 목표가 달성되기를 바란다.

한국판 뉴딜이 성공하기 위해서는 디지털 뉴딜, 그린뉴딜과 안전망 강화가 성공해야 한다. 이는 ESG 경영과 그 맥을 같이하고 있다. 따라서 기업들이 ESG 경영에 앞장서서 ESG 성과를 제대로 만들어낸다면, 한국판 뉴딜 정책의 성공에도 크게 기여할 수 있으리라고 생각한다. 저자들은 대한민국의 미래를 위해서 기업들이 ESG 경영에도 성공하고, 결국 국가적으로도 한국판 뉴딜 정책의 성공 역시 이루어내기를 희망한다.

부록
ESG 경영대상 평가기준

1. 리더십(200점)

1.1 리더의 경영철학과 비전(40점)

1.1.a. 리더가 조직의 비전, 가치와 윤리관의 근간이 되며 역할모델로서 행동하는가? (20점)

1.1.b. 리더의 경영철학과 비전이 ESG 경영혁신과 성과창출을 지향하고 있는가? (20점)

1.2 ESG 경영방침, 전략 및 경영시스템(40점)

1.2.a. 리더가 ESG 경영전략, 방침 및 목표를 수립하고 이의 공유 및 달성을 위해 리더십을 발휘하고 있는가? (20점)

1.2.b. 경제, 사회, 환경 관련 경영시스템을 구축하여 효과적으로 운영하고 있는가? (20점)

1.3 경영의 건전성 및 ESG 투자(40점)

1.3.a. 조직의 성장성, 수익성, 안전성 등 재무성과 관리와 자산운용의 효율성 및 예산관리가 적절하게 이루어지고 있는가? (20점)

1.3.b. ESG 성과향상을 위한 투자는 적절하고 효과적인가? (20점)

1.4 인재육성과 의사소통(40점)

1.4.a. ESG 성과향상을 위한 인재육성 및 직원 역량강화 노력은 어떠한가? (20점)

1.4.b. ESG 경영을 위한 의사소통 및 협조가 전 부문에 걸쳐 원활하게 이루어지고 있는가? (20점)

1.5 ESG 성과관리(40점)

1.5.a. 경제, 사회, 환경적 성과평가체계 및 주요성과지표(KPI)를 설정하여 체계적으로 분석, 평가 및 개선하고 있는가? (20점)

1.5.b. ESG 경영보고서 또는 지속가능경영보고서를 정기적으로 발간하여 효과적으로 활용하고 있는가? (20점)

2. 지배구조(200점)

2.1 의사결정 과정과 구조(40점)

2.1.a. 의사결정의 독립성과 경영감시기능을 위한 이사회의 구성(사외이사비율, 전문성, 다양성 등), 역할, 권한 및 책임이 관련 법규에 의거하여 적절하게 이루어지고 있는가? (20점)

2.1.b. ESG에 대한 검토가 이사회 수준에서 이루어지고 있는가?
ESG 활동의 감시와 견제를 위한 독립적이고 전문적인 조직(ESG 위원회, 감사위원회 등)을 설치하여 운영하고 있는가? (20점)

2.2 경영투명성과 정보공시(40점)

2.2.a. 조직의 재무적 및 비재무적 정보에 대한 정확성과 신뢰성을 바탕으로 경영투명성을 확보하고 있는가? (20점)

2.2.b. 적시에 정확한 ESG 정보공시를 위한 시스템을 갖추어 운영하고 있는가?
이사회의 평가에 관한 주요 정보(평가주기, 방식, 활용, 사후대처방법 등)를 공시하고 있는가? (20점)

2.3 전사적 리스크 관리(40점)

2.3.a. 장·단기 경제적, 사회적, 환경적, 리스크의 식별, 분석, 평가 및 관리가 체계적으로 이루어지고 있는가? (20점)

2.4.b. 최근 3년간의 리스크 발생 현황 및 리스크 감소 효과는 어떠한가? (20점)

2.4 이해관계자의 파악 및 파트너십(40점)

2.4.a. 조직은 주요 이해관계자(조직구성원, 고객, 협력회사, 지역 주민, 유관 기관 등)와의 상호 간에 미치는 영향을 파악, 관리하고 있는가? (20점)

2.4.b. 주요 이해관계자와의 관계개선 및 신뢰 구축을 통한 파트너십을 확보하고 있는가?
그리고 이해관계자의 위협(파업, 불매운동, 부정적 언론 보도 등)에 대한 관리가 이루어지고 있는가? (20점)

2.5 주주와 직원의 경영 참여(40점)

2.5.a. 주주권(의결권, 정보획득권, 주권양도 또는 이전, 이익분배권 등)의 보호와 행사가 용이한가?

그리고 주주의 동등 대우 및 권리 침해에 대한 구제 등이 보장되고 있는가? (20점)

2.5.b. 조직의 의사결정과정에 직원의 효율적인 참여를 유도, 격려하고 있는가?
그리고 경영활동 성과에 대한 경제적 및 비경제적 보상시스템을 운영하고 있는가? (20점)

3. 사회적책임 활동(200점)

3.1 사회적책임의 실행, 평가 및 개선(40점)

3.1.a. 조직은 사회적책임 국제표준(ISO 26000)에서 규정한 핵심 주제 및 주요 이슈를 파악하고 그 전략 목표와 실행계획을 수립 · 운영하고 있는가? (20점)

3.1.b. 사회적책임에 대한 조직구성원의 인식 제고와 역량강화를 통한 실행 동기가 부여되고 있는가?
그리고 사회적책임성과의 측정, 분석, 평가 및 지속적 개선이 이루어지고 있는가? (20점)

3.2 인권 및 노동(40점)

3.2.a. 조직은 직장 내 인권존중을 위한 적절한 제도적 장치를 마련하여 운영하고 있는가? (20점)
– 주의의무 실시, 조직 내에서 발생할 수 있는 인권위험 상황 파악, 인권침해 예방 및 피해보상, 공모회피, 조직 내 고충 처리, 차별방지 및 취약집단 보호, 시민권 및 정치 · 경제 · 사회 · 문화적 권리, 직장에서의 기본 권리 보장 등

3.2.b. 조직의 고용, 근로조건(임금, 보상, 근로시간, 휴가, 상벌, 복지

등), 노사관계, 사회적 대화, 교육 훈련 및 안전·보건(ISO 45001, KOSHA 18001) 등에 대한 시스템을 구축·운영하고 있는가?
최근 3년간 가족친화기업 인증 및 노사문화 우수기업으로 선정된 실적이 있는가? (20점)

3.3 공정한 운영(40점)

3.3.a. 조직구성원의 행위에 대한 규범 및 법규준수, 부패방지, 경영윤리 등의 관리가 체계적으로 이루어지고 있는가?
그리고 이를 위해 부패방지경영시스템(ISO 37001) 등을 적극적으로 활용하고 있는가? (20점)

3.3.b. 조직은 다른 조직(정부기관, 파트너, 공급업체, 하청업체, 경쟁업체, 유관기관 등)과의 거래에 있어 공정한 운영을 보장하고 있는가?
내부 직원과 이해관계자를 포함한 신고자 보호체계를 운영하고 있는가? (20점)
– 부패 및 뇌물방지, 신고자 보호, 책임있는 정치참여, 공정한 경쟁 보장, 사회적책임 촉진, 재산권 존중 등

3.4 소비자 이슈관리(40점)

3.4.a. 조직은 각종 소비자 이슈를 체계적으로 관리하고 있는가?
그리고 이를 위해 소비자 중심 경영시스템(ISO 9001, ISO 27001, ISMS 등)을 적극적으로 활용하고 있는가? (20점)
– 공정한 마케팅, 소비자 보건 및 안전 보호, 지속가능한 소비, 불만 및 분쟁 해결, 소비자 정보 보호, 소비자 교육 등

3.4.b. 소비자 불만 및 분쟁 해결, 소비자 교육, 마케팅 의사소통 등의 활동은 효과적인가?
그리고 그 만족도는 어떠한가? (20점)

3.5 지역사회 참여와 발전(40점)

3.5.a. 조직은 지역사회에 적극적으로 참여하고 지역사회의 발전을 위해 노력하고 있는가?
그리고 이를 위한 지역사회 주민의 의견수렴 및 협의 채널을 적절히 운영하고 있는가? (20점)
- 지역사회 교육 및 문화, 고용 창출 및 기능 개발, 기술개발, 부와 소득 창출, 건강 증진 및 질병 예방, 사회적 투자 등

3.5.b. 지역사회 활동 실적과 지역주민의 만족 정도는 어떠한가? (20점)

4. 환경경영활동(200점)

4.1 환경친화적 조직문화와 환경경영시스템(40점)

4.1.a. 리더는 환경친화적 경영을 중시하는 경영철학과 확고한 의지를 바탕으로 경영전략과 계획을 수립하는가?
그리고 조직구성원은 환경친화적 문화를 공유하고 이의 실행을 위해 노력하고 있는가? (20점)

4.1.b. 환경경영의 효과적인 실행 및 개선을 위한 환경경영시스템(ISO 14000) 구축 및 자체 환경관리기준을 제정, 운영하고 있는가?
그리고 공급업체를 대상으로 환경경영 역량강화를 위한 지원 활동을 실시하고 있는가? (20점)

4.2 환경친화경영전략 및 그린마케팅(40점)

4.2.a. 제품 및 서비스, 폐기물, 자원, 에너지 측면에서 환경친화적 경영전략을 수립·실행하고 있는가? (20점)

4.2.b. 환경친화적 경영철학과 가치를 기반으로 환경적 측면을 추가한 그린마케팅믹스 4Ps(Product, Place, Promotion, Price) 전략을

실행하고 있는가? (20점)

4.3 오염예방관리 및 효율적 자원 이용(40점)

4.3.a. 조직의 활동, 제품, 서비스와 관련된 오염 및 폐기물의 예방 관리와 이의 발생 시 효과적인 개선대책을 수립·실행하고 있는가? 그리고 이를 최소화하기 위한 전 과정 평가(LCA: Life Cycle Assessment) 기법 등을 활용하는가? (20점)

4.3.b. 에너지, 용수 등 자연자원의 효율적인 사용, 재이용 및 재활용의 확대, 근원적 해결을 위한 청정기술개발 등의 노력은 어떠한가? (20점)

4.4 온실가스 감축과 기후변화 적응(40점)

4.4.a. 온실가스 배출원의 파악과 관리, 온실가스 감축을 위한 생산공정 및 설비개선, 대체에너지 사용, 에너지 고효율 제품 사용 등의 노력과 실적은 어떠한가? (20점)

4.4.b. 기후변화 위험을 파악하고 기후변화에 따라 예상되는 영향에 대한 대응 및 적응 능력 확보 방안을 강구하고 있는가? (20점)

4.5 환경보호 및 환경친화적 사회풍토 조성(40점)

4.5.a. 자연환경을 보호하고 조직의 활동이 생물 다양성이나 생태계에 미칠 부정적인 영향을 최소화하기 위해 노력하고 있는가? (20점)

4.5.b. 조직구성원은 물론 지역주민, 학생, 소비자 등의 환경의식 교육, 언론매체를 통한 환경 관련 홍보 활동 등 환경친화적 사회적 분위기 조성에 기여하고 있는가? (20점)

5. 경영성과(200점)

5.1 경제적 성과(80점)

5.1.a. 최근 3년간의 성장성(매출액) 및 수익성(이익)이 향상되고 있는가? (40점)

5.1.b. 최근 3년간의 재무 안정성(부채비율)이 개선되고 있는가? (20점)

5.1.c. 최근 3년간의 시장점유율이 증가하고 있는가? (20점)

5.2 사회적 성과(60점)

5.2.a. 조직의 사회적책임 활동에 대한 이해관계자의 인지도와 사회적 성과를 체계적으로 파악하여 관리하고 있는가? (30점)

5.2.b. 최근 3년간의 사회적책임 활동에 대한 이해관계자의 인지도와 사회적 성과가 향상되고 있는가? (30점)

5.3 환경적 성과(60점)

5.3.a. 조직의 환경경영활동에 대한 이해관계자의 인지도와 환경적 성과를 체계적으로 파악하여 관리하고 있는가? (30점)

5.3.b. 최근 3년간의 환경경영활동에 대한 이해관계자의 인지도와 환경적 성과가 향상되고 있는가? (30점)

참고문헌

국내 참고문헌

1. 고문현(2020); 기후변화와 환경의 미래, 제21차 KIPA 공공리더십세미나자료집, p.13.
2. 국민연금관리공단(2019); 2019 국민연금기금 수탁자책임활동보고서, p.11.
3. 금융위원회(2021, 01); 기업공시제도 개선간담회 자료.
4. 기획재정부(2020, 12); 탄소중립사회로의 전환을 위한 「2050 탄소중립전략」 발표 자료.
5. 김재룡, 최병록, 정재익, 염순홍(2016); 신뢰하는 사회, 존경받는 조직의 사회적책임경영, 한국품질재단 발행, p.27, 2016년 10월 18일.
6. 박성현, 김연성, 김재룡, 유춘번, 박필현, 김태규(2019a); 사회적가치를 추구하라, 한국표준협회미디어 발행, 2019년 10월 25일.
7. 박성현(2019b); "중국제조 2025와 미중의 기술패권 전쟁", 미래한국, 591호, 미래한국미디어 발행, 2019년 2월 6일.
8. 박성현, 정규석, 신완선, 김재룡(2017); 4차 산업혁명 시대의 경영품질 전략과 도전, 한국품질재단 발행, 2017년 10월 20일.
9. 백악관(2018); "Strategy for American Leadership in Advanced Manufacturing", White House.
10. 매일경제(2021, 01, 14.); 대기업 2025년부터 ESG 공시의무화.
11. 머니투데이(2021, 2, 16.); "ESG 경영이 살길" 몸 만드는 기업들.
12. 4차산업혁명위원회(2018a); 4차산업혁명위원회 홈페이지 보도자료, 'I-Korea 4.0 실현을 위한 인공지능(AI) R&D 전략', 2018년 5월 15일 심의안건 제1호.
13. 4차산업혁명위원회(2018b); 4차산업혁명위원회 홈페이지 보도자료, '데이터 산업 활성화 전략; I-Korea 4.0 데이터 분야 계획, I-Data', 2018년 6월 26일 의결안건.
14. 사회적가치경영연구회(2019); "사회적가치경영과 지속가능발전 전략; 사회적가치를 추구하라", 사회적책임경영품질원과 기술사인증원 발행, 사회적가치경영 실행지침서, 한국표준협회미디어 발행, 2019년 10월 25일.
15. 사회적가치경영연구회(2020), "4차 산업혁명 시대의 혁신성장전략과 사회적책임

경영", 사회적책임경영품질원.
16. 산업통상자원부(2021); 2021년 에너지 세미나, RE100 · 재생에너지 · 태양광발전.
17. 산업통상자원부(2020, 12, 9); 탄소중립시대 지속가능경영 추진지원.
18. 삼정KPMG 뉴스레터(2021, 4); ESG의 부상, 기업은 무엇을 준비해야 하는가?
19. 서울 Q&I 포럼(2005); 경영품질의 세계기준 말콤 볼드리지, ㈜한언.
20. 신유근(2011); "사회중시경영—기업과 사회", 도서출판 경문사, p.181.
21. 송주현, 임석회(2015); 도시의 질적 발전을 위한 사회적 지속가능성 이론적 탐색, 대한지리학회지, 50(6), p.677.
22. 유승권(2020, 10, 8), ESG, 세계경제포럼 가이드라인 리뷰, Balanced CSR.
23. 전국경제인연합회(2005); 지속가능경영의 국제적 동향과 향후 과제, KFI미디어.
24. 한국기업지배구조원(2021); ESG 모범규정개정(안).
25. 환경부(2020); 한국기후변화평가보고서2020, 기후변화영향과 적응, p.222-224.
26. KATS(기술표준원, 2011) 기술보고서, ISO 26000 제정 및 동향.
27. UNPRI(2020), ESG 투자전략.

해외 참고문헌

1. Caroline Flammer, Bryan Hong, Dylan Minor(2019); Corporate governance and the rise of integrating corporate social responsibility criteria in executive compensation: Effectiveness and implications for firm outcomes, Strategic Management Journal, 40(7), pp.1097-1122.
2. Deloite Insight(2020); Climate & Sustainability 특집, pp.16-17.
3. GRI(2018); Global Reporting Initiative - Facts and Figures, 2018년 2월 12일 발간.
4. Mandavilli, Apoorva(2018, 7, 9.); "The World's Worst Industrial Disaster Is Still Unfolding". The Atlantic.
5. Mokyr. J. & Storotz, R. H.(1998). The Second Industrial Revolution, 1870-1914, Northwestern University, IL.
6. Porter, Michael E. and Kramer, Mark R. (2011); "The Big Idea: Creating Shared Value, Rethinking Capitalism", Harvard Business Review, The January-February 2011 Issue.
7. Passet, Rene (1979); "L'Economique et le vivant", (in French), Payot.
8. Schwab,(2015); "The Fourth Industrial Revolution: What It Means and How to

Respond", Foreign Affairs, December Issue.

9. Society, National Geographic(2020, 01, 09); "Industrial Revolution and Technology".

10. Wells, David A.(1890). Recent Economic Changes and Their Effect on Production and Distribution of Wealth and Well-being of Society. New York: D. Appleton and Co.

참고 웹사이트

1. 네슬레코리아(2016); http://www.nestle.co.kr/csv/what-is-csv/csv-explained
2. 지속가능발전, 나무위키(https://namu.wiki/w/지속가능발전)
3. 한국기업지배구조원; 홈페이지에서 ESG 평가, http://www.cgs.or.kr/business/esg
4. ISO, ISO 26000:2010 Guidance on social responsibility, http://www.org/standard, 2021
5. https://www.socialvalueuk.org
6. https://www.legislation.gov.uk/ukpga/2012/3/enacted
7. https://www.globalreporting.org
8. https://www.accountability.org/standards

지속가능성장을 위한

ESG 경영전략

저　　자	(사)사회적책임경영품질원 · ESG경영연구회
발 행 인	김지영
발 행 처	자유아카데미
주　　소	경기도 파주시 회동길 37-42 파주출판도시
전　　화	031-955-1321
팩　　스	031-955-1322
홈페이지	www.freeaca.com
전자우편	main@freeaca.com(대표) editor@freeaca.com(편집) crm@freeaca.com(영업)
등　　록	제406-2003-017호, 1980. 7. 12
제1판1쇄	2021년 9월 15일 발행

ISBN 979-11-5808-321-2 93320